中国式父母

父母自己不改变
孩子越来越难管

曾仕强 著

北京时代华文书局

图书在版编目（CIP）数据

中国式父母 / 曾仕强著 . —北京 : 北京时代华文书局 , 2021. 12（2022. 6 重印）
ISBN 978-7-5699-4467-9

Ⅰ . ①中… Ⅱ . ①曾… Ⅲ . ①家庭教育－研究－中国 Ⅳ . ① G78

中国版本图书馆 CIP 数据核字（2021）第 235402 号

中国式父母
ZHONGGUO SHI FUMU

著　　者 | 曾仕强

选题策划 | 周　军
责任编辑 | 周连杰
装帧设计 | 赵胜军

出版发行 | 北京时代华文书局　http://www.bjsdsj.com.cn
北京市东城区安定门外大街 138 号皇城国际大厦 A 座 8 层
邮编 : 100011　电话 : 010-64263661　64261528
印　　刷 | 天津格美印务有限公司　电话 : 010-69290834
开　　本 | 710mm×1000mm　1/16　印　　张 | 15.75　字　　数 | 218 千字
版　　次 | 2022 年 1 月第 1 版　印　　次 | 2022 年 6 月第 2 次印刷
书　　号 | ISBN 978-7-5699-4467-9
定　　价 | 59.80 元

读者购书、书店添货或发现印刷装订问题，请与曾仕强教授官网良心网联系、调换。
电话 : 010-69292472
盗版举报电话 : 010-69290834

目 录

第四章　父母与孩子的关系应该是什么样的

第五章　父母怎么教养孩子最有效

第六章　这些原则是父母必须要掌握的

第十章　怎样让孩子养成良好的生活态度跟习惯

第十一章　如何有效促进子女身心健康发展

第十二章　善于反省的人，会走得更远

第一章 父母为什么要教养孩子

孩子生下来只有一个目的，就是要父母好好去教养他，所以生而不教是父母的罪过。“教养”二字，一个教、一个养。现在很多父母是养孩子，很少教孩子。只养不教，将来这些被养大的孩子，因为他没有人教，他就会自以为是。

育儿误区

为什么很多父母都在自作自受

中国人教养孩子有一套自己的方法。在现代社会，似乎随着社会的发展，家庭功能的改变，我们对子女到底要怎样教育，产生了疑问。

我曾经在美国的时候，有一个朋友说，我非常欢迎你到我们家来玩，你可以带狗来，但是如果你要带孩子，请不要来。我从此以后把他列入拒绝往来户。

我们一直认为，我们由农业社会走向工业社会，整个社会改变了，所以亲子之间的关系好像跟以前不同了。特别是有三个情况，我觉得是很普遍的。

第一个，现在很多父母子女生得少，没有像以前子女那么多。如果一两个子女的家庭要奉养一对父母，跟以前五六个子女奉养一对父母是不一样的，很显然前者负担就重了。

第二个，因为工作的需要，孩子必须要跑来跑去，所以也没有办法长期跟父母住在一起。大家又比以前忙碌，甚至有时候连父母的生日都不能回来，因为他们请不到假。在这种情况之下，父母怎么要求子女孝顺呢？

第三个，老人是社会的一分子，他是公民、也是国民，又没有少交税，政府有责任去安养他。有人会问这个关子女什么事？我觉得这三个是大家现在不断谈的话题，听起来觉得好像很有道理，这样就可以把孝顺，把奉养父母的责任整个地推卸掉。

但是我们再进一步来看，又会觉得这些其实是不成理由的。

第一个，现在一个子女可以相当于以前的五六个子女，也就是以一当十的意思。但是我们不要讲当十，就讲以一当五六，如果这点都不能承认的话，你应该觉得惭愧。因为今天整个的环境不像以前，以前五六个人赚得钱都没有现在一个人赚得多。你看以前每个家庭很多人在工作，但是半个月过去就没有钱用了。现在一个人工作还可以去卡拉OK，还可以这样那样。我们拿这个作为比较就能看出来，时代使得我们一个子女就足够当以前的五六个子女，所以子女数目不是问题。这就是生产力跟收入，一个值，一个量。

第二个，你怎么忙了？你看现在有些人每周休两日都不知道要去哪儿，可见忙也是借口，我们可以弹性应用假期，比如说父母生日那天，你真的不能回去，那么你提前一个周末回去，或者往后一个周末回去，都一样。中国人讲究的是你有没有那个心。不一定说时空会限制你的心，那个可以无限延长，不会受控制，但是不要拿时空的限制来推托。

第三个，至于社会的责任，国家的责任，其实大家心里都很清楚，就是做子女的，不重视父母的安养问题，所以公共机构才会马虎。如果每一个人都重视，公共机构敢马虎吗？如果一个地区老人安养的设施太差，有些机构完全是不良的，就是因为大家不重视，能够把老人推出去就推出去，认为至于怎么样，那又不是自己受苦受难，无所谓。再说也没有办法，这个条件如此而已，已尽力了。所以这三个其实都是不成理由的。

那我们为什么要谈这样的议题？因为我们自从把奉养父母跟教养子女分开来看以后，很多父母就觉得彼此都没有责任了。所以很多人就会说，孩子，我也不指望你将来回报我。其实这个话的真正意思是说，因为我现在没有怎么照顾我爸爸妈妈，而且也没有怎么照顾孩子们的子女，因为我想要给自己留一些老本，我也舍不得给孩子，上下都没有照顾到。但是以前我们是无私地奉献，凭良心讲，再穷，子女要什么尽量给，没有说要留老本。现在动不动就说，老了，要留老本，不然你很辛苦。经常在提醒这个，意思就是说子女不可靠。那么子女心里会想：你根本就没有栽培我，你是为你自己打算。如此他就学到了，子女常常从父母那里学到一些东西，他学到了父母照顾自己、留老本给自己，那他也要照顾他自己。以后大家各管各的。所以才会有媳妇把妈妈赶出去的时候，儿子袖手旁观的事情发生。

有一次我听说一个儿子把妈妈带到山里面去，然后说我过两天来接你，最后让他的妈妈在山里面待了三天。为什么会这样？我觉得需要把这两件事情分开来看。奉养父母跟教养子女是不可以分开的。你如果把它合起来看那就不一样了。我们说互助，互助什么？互助从家庭开始，子女没有办法独立的时候，要依赖父母，这是天经地义的事情。父母有一天会老，他们要依赖子女，我觉得也是天经地义的事。要不然什么叫互助呢？当然，你可以说子女在利用父母，父母在利用子女，看你怎么讲，但是一个人何必把自己看成利用来利用去，这么卑贱干什么？好像自己连一点美德，一点价值都没有。**人总是要高贵一点，要活得有面子、有尊严，活得体面一点**。所以我们说，子女依靠父母，父母依靠子女，但是这里面有一点很重要，彼此要有敬。

尊敬的敬，是看重的意思。因为养子女跟养狗、养猪、养猫究竟不一样，其实我们养猪也是要靠猪，将来把它杀了，把钱拿来，所以就不敬。对子女，父母不能说，我现在养你，你以后是我的工具，你要听我的，一切照我的做，我把你当我将来生活的工具，那就不敬，因为子女毕竟是个独立的个体，他有他的尊严，他有他的使命。同样的，子女奉养父母，如果没有恭敬之心的话，那就像对一条老狗一样，对不对？所以很多人说我现在赚了钱了，老爸你要什么你自己看，你随便买吧，无所谓，反正我也不在乎。这个就好像面对一条狗，问狗要怎么样，它吃面包你就丢面包给它吃，要吃牛排你也会买给它，你不在乎，那这算什么？没有敬就不对了。所以一定要有敬，所以这样伦理就产生了。有敬在里面的话，就表示彼此是互助，而不是利用。互助跟利用的差别就在于是否有敬。

所以我们慢慢地又感觉到，父母在物质上供应子女其实是基础而已，我觉得比较重要的还是精神方面，很多人一直说什么光宗耀祖，其实光宗耀祖的意思是不要让父母丢脸，如此而已。文字上当然会写得好听一点，说你要光宗耀祖，实际上哪一个人有资格光宗耀祖？写那么大咱们都做不到。所以坦白讲，不要自我膨胀到认为自己现在光宗耀祖了，祖宗会蒙羞的，千万记住，光宗耀祖是不要让父母丢脸，如此而已。

话讲回来，父母怎么才能够保证子女不让他丢脸呢？就是从小要教他，这两个是息息相关，不能分割的，因此，我们才从这里谈起。比如你要不要生小孩？反正人很多，你选择不生，也没人会反对。如果你觉得不行，因为这是一种遗憾，不圆满，财、子、寿，如果是三缺一，那你人生的30%就没有了，对不对？你说我活得很长久，我有寿；我抽奖中了好几次，我也不用工作，我有财就好了。但是膝下无子，你总是会觉得有点遗憾。我觉得这就是每一个人自己的价值观，有些人嘴巴讲得很好听，说不在乎不在乎，实际上他心里怎么想的，我想只有他自己清楚。因为一个人如果没有小孩，他真的不知道父母是什么职位，可能什么角色都能扮演，就是给父母的角色无从扮演起。有人说自己家里有狗、猫，它们叫他们爸爸妈妈。这个我也赞成，但你是人，你父母也养了你，对不对？何况子女可以带给父母很多的乐趣，很多的安慰。这是局外人很难体会到的。没有做过父母的人是不知道的。

你自己决定不生小孩，那是你的自由，我们也不会干涉。可是一旦要生，就要注意，你生出来的人很可能德行败坏，他来是使你蒙羞的。狗顶多咬咬别人，你赔一点钱可以了事。儿子不一样，如果没有好好教，儿子会杀人放火。儿子长大之后甚至会杀老爸，这是特例，我们不要拿特例来做案例。所以这种情况之下，我们就算是为了保护自己，为了保护子女，为了对社会尽点责任，为了对人类做出一些贡献，也要教养孩子。

教养责任

生而不教是父母的罪过

生而不教，那你干脆不要生，这是我们第一个要提出来的。也有人说我不是有意不教，只是我没有空教。一切都是看你有没有心，只要有心，很多大人不太会教小孩，小孩也学得很好，因为他的心灌进去了。

比如说我在卖馒头，那我全心全意都在馒头上，所以我的馒头大家都喜欢吃。可是我的心就没有分给我的子女，我的子女将来就没有人喜欢。最后馒头比子女还受欢迎。这是一样道理，你都可以把心灌在馒头中，为什么不能把心放在你的子女身上？而且我觉得有些做生意的人，他真是非常忙碌，可是家里的孩子看起来就是很懂事，很懂得自己安排一些事情。这样的老板，一般他再忙都会叮咛一下孩子，因为他的心还是有放在孩子身上。所以我们现在如果用统计来看，高官贵人的子弟，有好的也有坏的，劳动大众的子弟同样有好的也有坏的，哪怕是教授的儿子也有当太保的，军人的子弟也有文绉绉的，这是因为运气的关系吗？这个是有心教养的结果，不是靠运气来的。

有一句话很重要，**子女是父母所生，但是千万记住不是父母所有**。很多人犯的最大的错误就是把子女当作他的财产，那他可以把子女卖掉，也可以叫子女做苦工，因为你是我的财产，我为什么不能这样处置呢？这是不对的，因为子女不是父母的，你看国家叫他当兵，他要乖乖地去。那父母敢说这是我的财产，我不能让他当兵吗？直接按照违法处置，被抓去关了。

再说难听一点，老天爷要你的子女死的时候，他只能死掉，父母一点办法没有，没有抗拒的能力。也不能说我比他老，怎么他比我先死，白发人送黑发人的案例太多了。可见很多事情父母是无法主宰的。所以你控制不了的东西怎么可以叫作你的财产呢？所以这是第一个要觉悟的，父母可以把小孩生下来，但是所有权还是子女自己的，他是个独立的个体，他不是你生命的延续。我们讲清楚一点，假定一个人有灵魂，死了以后他去投胎，那个投胎出来的才是他的延续。现在两个灵魂同时存在，就表示这是两个不同的灵魂，父母活着的时候，子女也活着，明明是两个不同的人。那他怎么会延续呢？就是两个不同的灵魂在对话。而延续一定是同一个人继续在人世间跑。

所以千万不要认为子女就是你的延续，是你的财产，不要有这种观念。但是我们要了解到我们有教养的责任，这样我们才了解为什么我们中国人讲责任，很少去讲权利，你对子女有什么权利？比如你不要孩子去读书，是要抓去关起来的，因为教育法要他去。可见你不要把他当作你的财产，但是你有责任。西方的文化比较强调权利。就好像西方人比较强调花钱，我们是强调存钱。我们中国的文化比较偏于责任，就是从这里开始的。

其实存钱跟教养子女有很密切的关系，中国几乎所有的事情都跟教养子女有直接或者间接的牵连，我们慢慢可以把它们发掘出来。比如这个小孩，他为什么不生在别人家？为什么生在你们家？这是我们第一个要去想的问题。老天爷要你把他教成与别人家不同的子女。因为这个社会需要不同的人，才能够彼此配合。所以很多人说别人这样教，我也这样教，为什么要这样？有人觉得这样省事。但教学都是一模一样的话，那就像工厂生产线出来的一样。这个社会单调乏味，而且很多事情没有人做，很多事情又太多人想做。你看每一个孩子长大都成音乐家，都成文学家，我们国家就亡国了。如果都是军人，那其他国家大概就要遭殃了。只要很单一地变成一种人的话，我们也完了。

我们第一个要觉悟，就是说老天爷选中了我，让我做孩子的爸爸，他有他特殊的意义，就是要我用脑筋去想，我怎么把他教的跟别人不一样，那我就不能乱教，如果我把他教成土匪，那也是不一样，但是那样他就会羞辱我，就会使我们家人蒙羞，让我们丢脸，就不能光宗耀祖了。这样来解释光宗耀祖，就不会像书本上所写的圣人君子。光宗耀祖不一定是要做圣人君子，你做一个很好的公民也是光宗耀祖。可大可小。**只要把工作做好，你就是光宗耀祖，使父母不丢脸就够了**。这样一来，我们自然而然就知道，要把他教养成对社会上有用的人，父母就不会丢脸了，这没什么难的，所以这种责任它是很神圣的，而且每一个人只要想做都能做到。

你看很多人很重视良心，他都告诉你要讲良心，我觉得这很可爱。**你凭良心去教养子女就好了，也没有太大的繁重的东西**。这是我们要讲的第二个重点，他生下来只有一个目的，要我们好好去教养他，所以生而不教是父母的罪过，不如不生。教养有两个，一个教、一个养。现在很多人在养，很少去教。只是养，好像养动物一样。只养不教，将来这些被养大的孩子，因为他没有人教，他就自以为是。所以为什么要那么辛苦去教？就是孩子学坏很容易，学好很难。其实这也是老天爷在考验做父母的人，看你有没有本事，有没有用心。

有些父母要跟子女做朋友，他要让子女感觉到他很友善、很可亲，结果不敢教。他不是不会教，他基本上不敢教，一教好像就没有面子，你看人家父子跟朋友一样，我们父子怎么有隔阂呢？好像我们很落伍的样子，跟不上时代的潮流。可是小孩明明就是要大人教的，你现在不教他，要跟他做朋友，那他怎么办？是他迁就你，还是你迁就他？他无法迁就你，因为他没有你的本事。他不了解你，结果只有你迁就他，那就变成溺爱、宠爱、讨好了。要跟孩子做朋友，可以等他结了婚，生了孩子之后再去阶段性地调整。但是在他还没有结婚以前，他就好好地把你当成爸爸。**所以中国的教育就是小时候要把他收紧，然后等到他长大懂事以后，慢慢放松，**

将来放手让他去自立，他不会出差错的。可是如果在他很小的时候，在他根本不知道什么叫对，什么叫错的时候就放松，会让他养成坏习惯，以后他会痛苦一辈子，想要改都很困难。其实我们听到很多父母在诉苦，说我这小孩才初二，我就拿他一点办法都没有。小孩到初二就不听父母的话，动不动就说你懂什么，动不动就说你那套落伍了，动不动就说我们现在不是这个样子。这会让父母痛心。有些父母心里想：我当初不要养你就好了，惹了这么多的事。其实他应该去想，为什么别人的小孩初二还很听话，为什么自己的小孩初二就不听话了？就是你那之前的时间里没有好好教他，这怪谁呢？所以我们现在又牵涉到第三个，一个重要的观念叫自作自受。

很多父母都是自作自受。你怨不得别人，这是你自己养出来的。你看父母做到让儿子看不起，追究一下是自作自受；父母做到让儿子不理会他，真正追究起来也是自作自受。因为天理就是自作自受。如果从这个角度来看，我觉得我们会很小心，在孩子小的时候，我们就要想到他将来会长大，他将来力气会比我大，他会打我。如果我现在不教她，他观念偏差的话，他拿刀不杀别人，他先杀我，这是跟我自己过不去，这是非常可怕的。你不要想别人，就想自己就好。这样一来，我们就开始从小就好好让他养成正确的观念、养成良好的习惯，这就好了。而且小孩子他可塑性很强，很容易教的，大人难教。所以千万不要说孩子还小，以后再讲。其实他在做胎儿的时候，他就已经开始感受到父母所带给他的，特别是妈妈在想什么，妈妈心情、情绪的变化，胎儿都会感受到，所以要胎教。孩子生下来以后，千万千万记住，**父母就是子女的第一个环境**。这个环境如果不好的话，那父母要负很大责任。环境不一定是外在的，也可能是人。

我们现在动不动就说社会环境，其实没有小孩一生下来就到社会上去的。我觉得这是老天爷很好的安排，像其他动物一离开母体就跑出去了。所以动物没有家庭教育，因为它教不了。人才会有家庭教育，小孩不会生下来就跑出去，他跑出去就活不了，所以社会再怎么坏，对你的小孩不会有污染，不要怪社会，你看孩子三岁到六岁，差不多就是跟父母在一起。七八岁以后才初步适应社会环境，那也是很有限的社会环境。比如到学校去，那也是很单纯的环境。所以我觉得父母责任最重大。既然父母有这么大的责任，当然子女也应该有责任，责任是彼此的。长大后孩子应该赚钱，奉养父母，要不然父母干吗那么辛苦？

教养重点

父母要教孩子先把人做好

父母要让孩子了解，人是有责任的，这句话最重要。其实他做不做得到是他的事，最起码要给他一个责任。一个人如果没有责任感，这个人是废人，不成为人。你看为什么很多人喜欢养狗？狗有责任感，你叫它看个门看得很好，还会站卫兵。如果狗没有责任感谁养它？但人没有责任感，一天到晚说这是我的权利，我不晓得这个人干什么。

之前我们误解了中国人原先设计的教养意思，而且我们长期以来都做错了。不是说我们那一套观念是错误的，是我们不小心搞偏差了，然后越偏越远，失之毫厘，差之千里。长久以后我们就变成一种习惯，习惯后就不去思考，不思考就只知其然，不知其所以然，才形成我们今天这种很错误的行为。其实我们父严母慈也是一种角色的搭配，我们有很多设计，目的就是要把小孩好好地培养起来，使他成为一个堂堂正正的人。我们没有别的要求，先把人做好，再去受那些语言训练；先把人做好，再去学珠算。**一切要先把人做好**。现在很多人认为语言要紧，赶快学英文，你不学英文以后怎么生活？其实他要学他自然会去学。人没有做好，你学其他杂七杂八干什么？现在我们看到这个社会最严重的就是有些人的基本已经不见了，他有专业，但是没有基本。比如他很会画图，他很会建桥梁，他甚至会装核炸弹，但就是非常不会做人。问题就在这里而已，那很可怕的。**一个人变得越专业，越不懂得基本的话，对这个社会危害就越大**。既生为人，就要先把人做好，可是小孩他不懂怎么做人，所以父母最要紧要教他做人，基本的礼貌、彼此的关心、自己事情要做好，这都是责任，这跟权利没有关系。

小孩不能一生下来就去投票，因为这个投票根本没有意义，不懂事的人投票有什么意义？

我也常常问人家为什么要怀胎十月？如果怀孕两天就生下来的话，你会觉得生个小孩真的很简单，那你会不会去教他？之所以让母亲怀胎十月，就是让母亲感觉到不容易，而且凭良心讲生产真的是很危险的。所以自己的生日不要太高兴，那是妈妈受难的日子。所以很多人奇怪，这是我生日，我要庆祝，你问他有没有打电话给妈妈，他说没有，那没有你过什么生日？连根源都没有想到。过生日的第一件事情就是打电话给妈妈，跟妈妈说，谢谢你几十年前生下了我，可是现在哪个人做这种事情？完全失去意义了。

现在有些人做事情都是颠三倒四，他没有去追究那个根源，生日有什么好庆祝的？我很感谢我母亲，那一天她受苦受难，把我生下来了。那父亲没有责任吗？有，我们讲母亲的时候，其实就想到父亲，想父亲的时候就想到母亲，中国人是连带的，父母不能分。你感谢母亲，父亲在旁边听，他不会嫉妒，他会觉得这个小孩懂事，然后孩子还要感谢父母的教养，没有你们教养，就算我今天几十岁了，我可能观念逆倒，连打电话的机会都没有。这样一来，我们就知道怀胎十月有他的意义，就是彼此都要留下很深刻的意义，那么将来不要忘记。好不容易生下来的孩子，需要珍视，可珍视也不能像宝贝一样把他放在玻璃窗里面。你也不能说，好，既然这么重要，那我就一切照你的，我不能让你辛苦，不能加重你的痛苦，这样小孩也会变坏，我觉得这是老天爷很巧妙的安排。所以我们没有选择，只有一条路，好不容易把孩子生下来，还是要研究怎么样把他教好。

你看，很少人说准备好做父母，才来生小孩的，很少人说准备好教养子女，才来教养子女的，都是边做边学。但是老天爷很体贴人类，小孩生下来的头8个月，父母怎么教都没有影响。那8个月就是说，你们没有做过父母，但是老天爷要委托你，既然老天爷要委托你的话，就要给你们多些摸索的时间，这8个月你怎么教都无所谓，不会对小孩有影响。但是我告诉你，8个月以后，你的一举一动都会变成小孩的模样，而小孩长大以后就拿这套来对付你，这叫自作自受。我觉得像这种是很清楚的，如果人有这样的体会的话，就不会乱讲乱做，谁敢？因为那些将来都是自己要承受的。比如你教他骗人，将来他就骗你；你教他抢别人东西，将来他就抢你东西。简单地来说，你喜欢大声地吵，将来他就是比你大声。你有力气，将来他也有力气。你当小孩面打麻将，将来你生病了，他还在打麻将。千万不要忘记自作自受，我们往往去想那些很玄的东西，说这是因果报应，不用想那么多，这个才是真实的。

你的小孩已经出来了，唯一的路就是好好跟他相处，要不然他比你凶，因为他越长越大，你越来越老，老天爷已经都讲得很清楚。父母越来越老，子女越来越壮，这个在家庭里面是很危险的事情，尤其晚上睡觉的时候，住在同一个屋檐底下，根本没有办法设防。所以我们常常讲**一个家它是最安全，也是最危险的地方**。一定要有这种警觉性，家人和谐，这个家是最安详、最甜蜜、最安全的地方。如果家人不和睦，你在自己家里睡觉，还要锁卧房的门，那怎么过日子？而且卧房的门没有大门那么牢固，一踹就开了。再加上你睡着的时候，人家怎么敲你都不知道，千万不要冒这种险比较好。

教养根源

父母教养孩子是上天赋予的使命

为什么说结婚是一件很神圣的事情？就是告诉两个人，你们结婚了，下一步就是生小孩，一关比一关难过。过了择偶这一关，下一关更难。子女生出来，你不要也不行，要了你就得面对他，你只有一条路，好好教他。

埋怨、控诉都没有用，你说交给佣人去带，他还是你的小孩，佣人是有任期的，他一阵子就回老家去了，小孩是你的，你没有办法。所以我们常常讲笑话说，你要恨一个人，要报仇，最好办法就是下辈子做他的儿子。他甩都甩不掉，跑都跑不掉，你随时可以气他。你不用打他就可以让他烦恼，光是花天酒地就够让他烦恼了。尤其是血缘比任何关系都浓，我们说血浓于水，你看一般人不太容易变成父子的。所以父子要么一条心，要么就是很极端的仇恨。朋友比较不会这样，朋友了不起少说几句话，以后少见面就是了，他不会说恨到那个地步。所以做父母的要有警觉性，小孩不比朋友，小孩不是邻居，而且你无从选择，他既来了，你就要认定他，你一认定他，责任就跑不掉。

邻居不好，你可以搬家，可是小孩不好能到哪儿去？所以我们讲到这里，我们就讲出只有唯一的选择就是一定要好好教养小孩，因为这是将来自己要去承受的一种后果。小孩将来会怎么样，就是父母在他身上所种的因，将来小孩长大以后会对父母怎么样，就是父母要承受的果。这一点非常清楚。所以我们也看到，就是说有一些人在观察他人的时候，尤其是结了婚、有了孩子的人，经常会看他孩子的表现，从而能看出这个父母亲到底能不能胜任。反过来，很多人要做媒，就是说要问这门亲事，先看对方的父母怎么样。没有错，因为等到他将来做了父母，他跟他父母几乎是一样的。我们说龙生龙，凤生凤，老鼠生儿打地洞，就是因为孩子模仿自己的父母。如果老鼠一生下来就让龙去带的话，它就不太一样，可见本性是本性，习惯是习惯，我们常常把本性跟习惯合在一起，**本性很难改，性格很难改，习惯可以改**。习惯改了之后说不定性格也可以改了。性格改得比较小，习惯改得比较大，大小不同。所以凭良心讲性格比较难改，但是你不要去改性格，你改习惯就好了，比如我的性格是很急躁的，但是我能够养成按部就班的习惯，就够了，这个急躁就好像不是缺点了。但是它还是存在，有时候难免还会出现，只要减少了比例，降低了危险性就好。谈到这里，我们又从另外一个角度来看，一个家庭如果只经过一代的奋斗，他有很大的成果我们真的都不相信。

没有三代的努力根本出不了一个好子弟。不要以为你把自己儿子教得怎么样好，如果没有你爸爸给你打那些底子，你凭什么去教你儿子？我想这又是我们中国一种很特殊的群体关系，所以我们要几代连续下来。坦白讲，一个政府，如果三任的领导人都很好，他就起来了。一任，老实讲有时候很难，两任有时候就垮下来。它要有很好的基础才能兴盛。家庭也一样。一代，到某一个程度为止，他想变科学家很难，因为他谋生不易，他要先出来赚钱，一赚钱，就减少他研究的时间。然后等到你累积了家财以后，你就叫你儿子不必担心赚钱的事情，反正家里温饱是可以的，你专心去研究好了，他才能够成为一个科学家，这不简单。

这样一来我们就知道，为什么中国人要连续下去，要变成一个家族，就是说彼此都有功劳，大家才会打拼。如果说你认为，这与我无关，反正这辈子什么都完了，那我想那么多干什么？我这辈子已经不能成科学家，那就表示我们家的人不能做科学家，那我还计划什么？正确的方式是，没有关系，我不能成为科学家没关系，我儿子有希望，我儿子不行，我孙子有希望。这样一来，才形成一个家风。所以也难怪很多父母，老想把他的理想灌注在自己的子女身上，而我们只要说你可以要求，你不要过分，你不能说子女非达到要求不可。

父母可以提供一个方向给孩子做参考，这没有什么不好。但是不能强制孩子，因为连你自己都做不到，你凭什么来强制孩子？其实把这些搞清楚以后，我们就觉得只有好处没有坏处。

比如我对我的小孩说，当年我父亲对我有很高的期望，但是因为我那时候想不通，不懂事，所以我长大后一直都在后悔，这样小孩听起来感触不一样。我可以跟他说，我现在没有要压迫你，因为你爷爷没有压迫我，但是我很伤心，也很后悔，我是希望你以后不要后悔，如此而已。目的是帮助他不要后悔。所以中国人讲话，一定要把祖先抬高，然后子女才听得进去。这也能够加强子女的责任感。同时是一种沟通的技巧。这种说话的模式，第一个会让孩子去回忆，或者是去回想当初祖先的努力。然后又让孩子明白父母也很辛苦。所以为什么我们中国人老是要粉饰太平，把祖宗讲得很美，很多人也攻击这一点。因为祖宗多半已经过世，你老挖他的疮疤有什么好处？你把他美化一点，最起码透过这样一个美化的功能，可以使得你的子女有信心。而且是死无对证，没有恶意。孩子会心想：我这个爸爸是不太行，但是我祖父还是很行的，可见我还是有条件的，只是我爸爸年轻的时候不会想，那我现在如果比他会想的话，我就起来了，其实我们都是有用意的。我觉得现在那些批评前人的人都用比较简单的、粗浅的眼光来看，这是很不好的，他本身思想是没有深度的。

可能有人批评说，中国在最近几百年来，譬如说宋朝之后，科技的部分为什么就没有以前那么进步？是不是因为我们对于过去的事情，在某个朝代之后就没有去深思、去研究、去传承了？其实有几个比较关键的理由，就是说第一个我们不要忘记了我们的科技曾经是全世界冠军。这点没有人会否认。老祖宗的很多东西到现在西方人还是做不出来的，为什么到我们子孙身上就变成这样？其实我们应该自己检讨，不要老怪祖宗。是我们不争气。你看，我们的祖先，做出来的整座大建筑物没有一根钉子，太奇妙了。很早以前有那么精致的工艺品，现在的科技能够这样做出来吗？不可能，那是我们不争气，我们还诬赖祖宗干什么？

第二个，我们落后是近四百年的事情，五千年跟四百年比，其中的四千六百年不看，光看这四百年，就好像一面原本很白的墙，当中有个黑点，你就整天看那个黑点，就会越看越黑，那是自己在找麻烦。所以一个人，不管你的祖宗是谁，因为祖宗很多，总有一个是值得你学的，你老看那些不成才的干什么呢？你就看看那个比较好的，不可以吗？一个人要生下来，是几千个人的遗传，哪里只有一对父母而已，我不相信几千个里面没有一个好的，这样我们就有信心。我的爸爸是因为他有当时的时代背景，那时有再认真也赚不到钱的时候，这根本不能比的，所以如果儿子跟爸爸比，我觉得儿子是没有良心的，我们如果看爸爸尽心尽力，就应该很感动了。如果我们每一个人都了解这一点的话，**我们就要记住，不要因为我们这一代而使得整个祖宗蒙羞。这是责任感**。

你看很多人就是这样一传下来，传到这一代整个完了，然后他的子女又复兴的话，他更难看，他以后怎么去面对他的祖先？所以这样说起来，教养的根源，就是怎么样去面对这个责任，一定是要把人做好，然后要有责任，这是做父母的要最迫切了解的一个问题。责任是我们中国人的一个根本，每个人要认识到老天爷给他的责任，其实老天只是宇宙的运行定律，他并不是神，我们说整个宇宙他一定有一些运行的定律。我们冥冥中有一个做主的人，我们也搞不清他是谁。那么他既然给我使命，我就要去做到，如此而已。那我的责任就是把小孩教好。其实我们去赚钱，我们在社会上努力，也就是完成把子女教好这个目的而已。

但是我们现在完全本末倒置了，我们把教养子女摆在最后，把赚钱、出名、成就，放在第一，有的人是把自己放在第一位，有什么用？你成就自己最后是没有结果的，有一天老了，发现什么都没有。要记住这句话，**如果自己的理想不能够延续下去的话，就真的什么都没有**。如果你想要延续下去，就看你是用强迫的，还是用自动的，你看那个很认真的子女常常会记住，我的父母要我这样做，我不能让他们没有面子。他没有感觉你压迫他的话，你就是成功的；如果他认为真倒霉，你自己做不到就要叫他做，那就失败了，其实差别就在这里而已。所以教养孩子，父母是一个非常重要的环境。从孩子8个月开始，一直到他18岁长大成人，无处不在。但是很多父母就是不懂得阶段性调整，所以最后跟子女的关系搞得非常不好。

不要从头到尾都要保持父母的角色，比如孩子6岁以前父母怎么教他，入学以后父母怎么教他，毕业以后父母怎么教他，将来他成家立业的时候怎么教他，儿子当总统以后父母怎么面对他，都是不一样的。就是应该要阶段性地进行调整。至于在父母眼当中，子女永远是小孩子，我也不反对，但小孩子也有不同，有很小的小孩子，有长大的小孩，还有老小孩，因为他毕竟是你小孩，再老也是你小孩，所以叫老小孩我觉得也很对。因为有的妈妈九十几，儿子七十几。而且越来越接近，刚开始父母说只是他们的零头，后来快追上他们了，我觉得这些都是很有趣的一种启示。年龄的差距是一样的，可是百分比越来越接近。这些都应该给我们启示才对。父母就知道，这个阶段我该休息了，让孩子去表现，但是我没有放弃责任，我在旁边看着，孩子很好，我会欣赏，孩子不好，我也会提醒他一下，这个时候的提醒是很轻微地，去告诉他，因为他听得懂。所以阶段性地调整，其实是一个很大的课题，因为这是很困难的事情。

第二章　你是“神”父母还是“鬼”父母

把自己当作“神”的父母，对孩子绝对控制；把自己当作“鬼”的父母，对孩子动辄打骂、恐吓、威胁。这两种父母的角色无疑都是不恰当的。我们要做人父母，知道自己也会犯错，懂得克制自己，不控制、不威胁，不动辄打骂孩子。

家庭环境

父母本身就是孩子成长的一个重要环境

关于要怎么样做父母这个问题，我想很多人都有一些看法。有一些听过西方亲子教育的人，认为西方的跟我们有一些不相同的地方，这个不同的地方造成了我们在学习上很大的冲突。有人问如果我们碰到了这样的冲突的时候，应该先怎么样自处？

我先说一件事情，今天我非常非常高兴，因为今天是我母亲的生日，那么大家一定会觉得我母亲生日，我怎么在这里没有回家呢？那这不是违背中国人的道理吗？没有。我父亲事先再三给我讲，你如果能回来，我们很欢迎你回来，你如果忙，千万不必为这件事情特地赶回来，这才是中国人的道理。因为我们的习惯就是说，可以在提前的一个礼拜天，或者往后的一个礼拜天过生日，因为中国人是讲心意到不到，而不是说你形式做得怎么样。你人有没有到是另外一回事。

比如我的弟弟在美国，我的妹妹在英国，他们怎么会为这个生日特别回来？我父亲一再讲，如果你们这样子赶回来的话，使得父母心里更不安。像这个才是中国人的真正思想。可是我们一般人都会觉得，中国人就是说你再怎么也要赶回去，你才是孝子，可见这当中有很多差距。我们长期以来已经没有去体会我们中国人真正的用意了，所以只是形式上学习，学到皮毛以后，我们就觉得很讨厌，最主要是从这里来。如果真正能够体会到中国人心意的话，我敢保证，绝对能感受到中国式亲子是一种温馨的人性化的设计。所以如果我们要体会才能够真正地把那个矛盾解开。

你看我平时都是按照中国人的做法来讲，可是今天我母亲过生日，我还在台北，我没有回去，可是我做了别的，我昨天晚上已经打过电话了，今天我也会在适当的时机打电话。我会去想象我妈妈这个时候在做什么，我什么时候打电话过去最好，这才是中国人。你送她礼物，送她蛋糕，还不如说你什么时候想到她的时候，给她一通电话。重视的是她心目当中的感受，这是真正的中国人。如果妈妈在睡午觉的时候你打电话过去就不好，比如知道她什么时候起来，什么时候做什么，这时候就已经跟她在“一起”了，虽然我现在在台北，可是我感觉到我跟我母亲在一起，中国人的这种精神面它是无限地延续的，所以精神面是非常广泛的。

我们要先认识到中国人不太讲究形式，他非常重视实际。从这个方向思考，那么我们就知道将心比心，去体会人家的心情。每个人的心情都不太一样，随着年龄、随着他的职位、还有他生活环境的变化，他会变化。那我就跟着他调整了，我不能说我就这样子，大家都来配合，那是个人主义。所以我们真正的冲突是我们认为该说出来的已经是只讲究形式了，好像是我们的礼教把我们限制得不能动弹。其实没有，你看孔子一再说，你要自由自在，要心安理得。孔子从来没有给我们什么戒律，这个戒律其实是我们自己找的。因为想不通，所以才会有那些有形的戒律。想通了，那你自然会觉得悠游自在。所以我们讲礼节，其实礼还是要有节制。

除了以上的，我们还要谈的就是怎么样让孩子拥有正常的家庭环境。我们讲家庭环境一定包括陈设，估计大家最想的就是说给孩子提供一栋房子，他们越来越困难了，我们这一代要做到，没有做到对不起他们。可是我不是，我的想法是先从妈妈的肚子开始。

我们读过《孟母三迁》就知道，环境要改变，才会对小孩好。其实我们忽略了孟母本身是最重要的，那个环境其实不重要。如果没有孟母的话，这个三迁你怎么迁都没有用，可是我们一看到《孟母三迁》我们就注意那个三迁了，我们把孟母整个忽略了，人其实是最重要的环境，不管外在怎么样，只要那个人他能够发出他的感应力，这个环境马上就改变过来了。一切都是因为人在改变，你看处在最恶劣的环境里面，他照样可以生活得很愉快。现在很多人太重视外在，比如你要给我吃好的，住好的、要这样那样，以为这才叫环境，其实这些东西里面都有一个人的气氛在那里。我也不反对住得舒服，可是住得舒服，那个心志还要很坚强才行。如果我住得很舒服，我的心志也很坚强，这个外界的舒服不会败坏我自己的志气。现在我们不重视心志，一舒服人就懒散了，就跟着人家“跑”了。

中国人认为精神才是可贵的，肉体是卑贱的。不要太宠自己的肉体。现在的问题就是我们太宠自己的肉体，而忽略了自己的精神，所以我们这里会讲到子女的环境，**其实父母的精神才叫家风，不然什么叫家风？**每个人都可以买同样的家具，你买什么我就买什么，你盖什么房子我就盖什么房子，你穿什么名牌我就穿什么名牌，都可以学，但是那样小孩出来还是不一样。所以**父母的精神面才是子女最重要的环境**。从母亲的子宫开始是孩子的第一个环境。胎儿在母亲的子宫里面，他会感受到母亲的性情，会感觉到她的热心度，他都感觉得出来，这个是我们讲的胎教。所以为什么怀孕的时候老给肚子里面的小孩唱歌、讲话，它是有用的。我们现在的年轻人会说，那是西方人告诉我们的，其实不是这样的，怎么会是西方人告诉我们的？你看我们自古以来就是说你怀了孕，你就不要提水，因为水很重，你不要做，你要特别小心，可见那就是为胎儿着想，当然我们母亲也很重视，但是我们设想的很多都是为了胎儿，所以子宫是第一个环境。

然后就说早教的部分。婴儿一出生，其实对你家有多少酒他统统不知道。你有多少录影带他根本搞不清楚，他完全没有印象。他就看父母，因为这时候他躺在那里也不能动。所以父母本身就是他的一个很重要的环境，父母不能够推卸责任。

我们最近也听到说，父母是孩子的第一任老师，这句话是很正确的。

可是老天爷很体谅人，因为很少人是准备好做父母才来做的。我们常常讲笑话说糊里糊涂就生下来了，那糊里糊涂生下来怎么办？没有关系，老天爷给我们8个月的摸索期，这8个月我们就要很认真学习，两个人要研究好怎么样去教他，而不是说这8个月就这样过去了，那以后就这样混。很多人就是这样的，那是很糟糕的。人家是疼爱我们，给我们8个月摸索期，那就要用心去摸索，这时候犯错对子女没有什么影响，可是8个月以后就开始产生影响，你看上天对人多好。

接下来才是我们的家人、亲友，还有家里的装潢。孩子慢慢才会注意到装潢，所以家里的装潢其实等到孩子稍微大一点儿之后，才会列为他的环境。这有什么用意呢？就是小孩子用他本身的价值观来断定这些家具的价值，我们会怀疑孩子那么小有价值观吗？隐隐约约还是有的。比如说他受了父亲的影响以后，他会把桌子拿来放书，或者他受了母亲的影响，他会把桌子拿来打麻将，他也会看到桌子就想到玩，因为大人也在玩，他看到桌子就想读书，这就是他的价值观，其实就是习惯了，所以有些长辈比较懂得自我克制，不在家里打麻将。

因为人有时候想轻松一点，所以这些我们不反对。我觉得做任何事情只要以平常心去做，我们都不应该反对，你把它当成兴趣来做，这时候就要小心了，对不对？我打一次麻将有什么了不起，我喝一次酒有什么了不起，不要把它当成太大的罪恶，一感到罪恶就开始欺骗了，是不是？我去跟不去是一样的时候，那有什么关系？你们谈，我跟你谈，免得我好像什么都不懂，可是我不会把那个当作是我很沉溺的东西，这样就好了。

父母类型

“神”父母与“鬼”父母最大的区别是什么

我觉得适可而止这四个字是做父母的最要紧学习的。做什么事情都要适可而止。你爱跳舞，不要说为了子女，就不跳舞了。我觉得也不必要，因为让子女看看跳舞是什么样子也没有坏处。只要给他一个正确的观念、正确的判断，天底下没有什么事情是不能让他不了解的。

当孩子碰到我们的亲人的时候，他也会有自己的一些判断。我觉得很多父母老是怪他的上一辈，你看你这样教我的小孩怎么办？我是很用心在教我小孩，可是我父母呢？用他老一代的方法！很多人这样讲，这样是不是说你生了小孩以后就要跟父母断绝关系？因为孩子跟父母反目成仇的很多。你可以禁止你的父母，你可以禁止你的兄弟姐妹，可是你不能禁止你邻居，那怎么办呢？那就好像欺负自己人，邻居揪你的小孩一把，你拿他没有办法。你的弟弟揪他一把，你就打他，欺负自己人。我们一定要了解，小孩长大，他迟早要出去见世面的，迟早要碰到各种不同的问题，你没有办法把他限制在一个温室里面，与其这样，不如开放，对不对？

其实越早让小孩子接受到不同的方式跟理念，对他更是一个多元化的训练，只有好处没有坏处。所以你也不必刻意地去阻挡你的爸爸妈妈，认为他们这个教不好，那个教不好。我们跟小孩讲：“爷爷这样做是疼你的，那么你的感觉是怎么样？”他说：“爷爷说什么糖都可以吃。”我们说："他说得没有错，什么糖都可以吃，但是你每次只吃一点点，只吃一样，你一辈子就什么都可以吃，如果你一次吃很多，那你可能以后牙齿都掉光了，你就什么都不能吃了。"这话你都可以讲，有时候是做家长的自己能力不够、表达力不行，却要怪自己的父母。我们真的要冷静，我们常常很容易发火，使自己失掉理性，这是很不好的现象。

我们第一个就先责怪父母，就把气往他们身上发，这样我们就没有办法心平气和跟小孩去聊事情。如果知道这是无可奈何的事情，这一定是会碰到的，那就心平气和地讲。爷爷永远是疼小孩的，没有不疼的，那我们把他弄好一点，现代人之所以进步，就是比上一代人的道理更周全一点。这样就好了。他讲只是讲重点，可是小孩小，他重点可能听不懂，我们也是摸索几十年才知道原来是这样子，所以还是要靠做爸爸妈妈的表达，让孩子了解到比较周全的一个内涵。

所以我们有一句话，这也是今天的一个重点。不是说我爱小孩就行了。不是这样，谁不爱小孩？爱小孩没有用，你要有方法去教养他。**真正的爱是有方法地去教养小孩**，不然什么叫爱，对不对？爱一只狗你都花很多精力去训练它。爱小孩也是要有方法去教养他，方法正当就是爱，空口说白话没有用，爱了半天小孩变流氓的话，我们要先反省一下，自己是什么样的父母，之后再选择用什么方法去教孩子。了解到自己是一个什么父母后，自然就会用适合自己的方式。

我们难免会受社会的影响，社会上有"神"、有"鬼"、有人，这让我们印象很深刻，所以慢慢地我们会把自己变成"神"、"鬼"。

很多人会把自己当成"神"，你看现在社会这么乱，就是有很多人他已经不认为他是人了，他是"神"。他讲话算数，你们谁都不能反抗，这就是神，对不对？你不听他的他就整你，那也是神，不然谁有这么大权威？父母如果一看到小孩就这么说，你看你那么渺小，我打你，你也没有办法是不是？那你不就是神了吗？这个时候他就认为他讲得都对，你要听他的，你不听他的他就给你教训。可是没有效果，你看神到最后会有什么结果呢？就是去求他的人都是基于利害关系，你要保佑我，你不保佑我，我就把你什么东西搞掉。要不然认为庙不灵了，就换一个庙拜。所以为什么小孩会离家出走？这个“庙”他已经没有兴趣，甚至说要不然我自己弄个“庙”。所以要把自己当“神”的人，一定要想到后果，你这个“神”真的变成真神那没有话讲。的确，少数父母真的有资格做“神”，你看他一切替小孩安排得好好的，没有人有他那么有办法，就算小孩变坏他都无所谓，他都有办法让小孩飞黄腾达，那是极少数。大多数的神其实到最后都是被信众背叛，这个后果要消受。我们一直讲自作自受，用自作自受来考虑就很好。还有一种父母“神”当不成，他变“鬼”了，一下降到“鬼”了，马上下十八层地狱。

神跟鬼有什么不同？神有法力，鬼没有法力，他就用威力。威力更可怕，威力就是我吓唬你，我威胁你，你不行我就脚踢手打。你看邪神厉鬼多可怕，在这种家庭生活的子女怎么能安心？我们无意讲任何人，我们只是提高警惕，千万不要朝那个方向去发展。比如要知道我不是“神”，我要好好做一个人，我也不愿意做“鬼”，就好了。那“人”是什么？人就是我自己也有错，因为我不是神，可是我不能一路威胁下去，那我就变“鬼”了。父母有这么一个约束就好了，因为小孩对父母来讲是弱势群体。你手一打出去他是毫无抵抗的，所以你就很容易变“神”，很容易变“鬼”，他又那么信你，那么爱你，所以这个时候你越发要克制。他是你的骨肉，他不是你的信徒，他也不是你要报复的对象。当然我们发现有少数人把子女当作泄愤报复的对象，那都是“鬼”。

有一个父母把小孩的耳朵都快弄掉了，真是残忍，那是人做的吗？不是，神也不会这样，那是鬼做的。我为什么把父母分成“神”父母、“鬼”父母、“人”父母？其实我是从很长久的观察里面得知，我发现有些父母好像是“鬼”，有些父母是“神”，有些父母很正常，他们是人。我们大家互相勉励，就是说我们都要做一个人，做“人”父母，我们的子女才是人。做“鬼”父母，子女迟早变成“鬼”，那个“鬼”比你还厉害，他一旦长大就把大“鬼”搞掉了。

有人说我们在社会新闻当中看到的家庭问题，好像是“鬼”父母造成的比较多，其实做“神”的父母也会造成一些社会问题。或者说其实有很多我们以为是“鬼”父母，其实是“神”父母造成的问题。我觉得这种分析是正确的。做“神”的父母其实很有本事，要孩子无条件地顺从，而且他做了人家也不敢讲。有这样的人，有这种事。但是太能干的父母就会造成孩子的无能，或者说导致孩子有为非作歹的恶习。

所以神跟鬼其实是互变的，做“神”不成就做“鬼”了。一般人当然不愿意做“鬼”，可是又不甘于只是做“人”，想要做“神”，做“神”当然很好，可是实在不容易。所以我是觉得，我们还是做平常人比较好。我一直强调，人死了以后你能成神最好，但是活着绝对不要成“神”。活着要好好做人。

活着要成“神”的，现在都在监狱里了。监狱里面有很多“神”，他以为自己什么都能做，什么都敢做。那我们要提醒一句话，**常人没有法力，也不要乱用威力，要有一种很可贵的叫忍耐力**。我们常常把忍耐当成是负面的评价，忍耐才是爱的表现，发泄不是爱，发泄很容易变恨，所以具备忍耐这种特质的人，其实很了不起。你看我的父母忍耐了我六十年，那我不感谢他们感谢谁？我这么大他们还忍耐我，有时候我也搞错事情，他们还是包容、忍耐，那我就感觉出来了。你看很多父母不是，动不动跟孩子发火，那孩子就感觉奇怪，我是不是领养的？很多人就觉得是这样，然后隔阂越来越深。我们做“人”的父母，我们就从人的角度来看，夫妻间应该怎么相处才能够为子女提供正常的家庭环境？其实我们只有一句话，就是**夫妻要觉悟，我们是子女的榜样**，这句话就够了。**父母在做，孩子在看**。这是一样的道理，因为他总是看着你。

有一个家庭，每一个子女学业成绩都很好，我就问他们的父亲你怎么教的？他说我没有做什么，因为我穷，人家打麻将我也不敢去打，怕输；人家去喝酒，我又没有钱付酒款，所以只好读书。一读读到五个小孩通通读博士，太简单了。不过这个就很有趣，一个人在贫穷的时候，或者说没有资源的时候，他还能够守得住，这其实是很不容易的，说明他修养很好。

约法三章

在教养孩子过程中，夫妻之间要遵守三条原则

在教养子女的过程中，夫妻之间要信守一些原则，即要约法三章。具体来说，夫妻之间要遵守以下三条原则。

第一个，不要当着小孩面吵架。我们常常讲大同世界外户不闭，大门不要关，可是内户要闭，房间门为什么要关？就是关起来好吵架，我不相信说夫妻不吵架，那都是讲得好听，夫妻一定会吵架，因为他们在一起太紧密，舌头跟牙齿都会咬到，所以夫妻难免会有摩擦，我觉得这是正常的。只不过要发脾气了，到房间里去，把门关起来，不要当着小孩的面。因为小孩会很难堪，他不晓得怎么样才好，所以常常在旁边哭，他会觉得怎么又这样？不是要我乖吗？怎么你们大人不乖了？所以这是第一个，难免有发脾气，难免有两边意见不统一的时候，背着小孩去商量，商量出来以后只有一个声音。小孩太小，他无法承受大的压力，要他分辨是非，他也无能为力，他只能说你们认为怎么样好，我就怎么样搞，所以父母对小孩的态度要一致，一旦看法不一样，两个人到房间里面去商量。

比如小孩要买玩具，妈妈问爸爸："你觉得怎么样？"爸爸说："买啊！"妈妈就说："买？现在哪有钱买给他？"爸爸说："这不行，邻居的小孩都有了，我们这个脸丢不起。"很多父母都是在为这些事情争吵，所以有时候我们怪小孩，其实是大人丢不起脸，不是小孩爱闹。我看了很

多家庭，真的教得很好，夫妻商量说买还是不要买，不过他们要事先跟孩子讲，玩具是买不完的，你买了把整个家都堆完了，你还是觉得不够，所以你慢慢买你才有乐趣，因此你一次买一个。他答应一次买一个，那你们才去买。

如果孩子要买很多玩具，那你说以后再买，你也没有说不买，小孩说先去买一个。这时候你讲："这是你自己讲的。"要重复让他知道是他自己讲的，要让他记下来，然后养成习惯，他每次选一个。有的小孩到了玩具店一看，就说这个我有了不要，这个太大我不要，这个太贵了不要，这个小孩很可爱。如果是"我要那个"，不给就开始哭，躺在地上打滚儿，你说要把他丢掉也不管用，这是你自己教的。这句话是重点，你把他教成这样子了。中国人最怕丢脸，但小孩最会丢你的脸，所以我们要接受丢脸这个事实。不要说现在是什么年代，你还那么爱面子，还怕丢脸？羞耻之心其实就是爱面子，如果连羞耻之心都没有的话，我觉得这个人什么都不要谈。可是很多父母，孩子这样当街耍赖，他就受不了，他想要弥补，可是方法又不对，他又打孩子，当着众人的面在那边打孩子，那就好像耍猴戏一样，大家看热闹。

第二个，不要背地里讨好小孩，出卖另一半。我觉得这个很常见。因为妈妈怕小孩偏向爸爸那边，妈妈就想尽办法讨好孩子，说你不乖，爸爸回来，我请爸爸来好好地教训教训你。对不对？经常这样。还有的妈妈说，爸爸其实有钱，他只是舍不得买东西给你，我买给你。这种话我们听得很多了，这样就是陷另一半于不义。妈妈也许是无心，但是我们还是要注意，因为小孩听见会马上感觉到父母是不一样的，一个疼我，一个不疼我，这对家庭来讲是破碎的，不是一个整全的。

所以会做人的妈妈相反要替爸爸说明。比如妈妈可以说"爸爸打你其实是疼你，他没有打隔壁小孩，他为什么打你？你是他生的他才打你，那不是他生的他就不打。"小孩就懂了，小孩很容易懂。现在小孩很精，妈妈也可以说“他打隔壁的孩子会被警察抓起来”，这样讲更可以教他。打小孩会被警察抓起来，那为什么爸爸打儿子警察不来抓？因为警察也打他儿子，孩子就恍然大悟了。警察抓打别人儿子的人，因为你不能乱打，打是有道理的，乱打不可以。爸爸有没有乱打？没有乱打，反而多了一个教材。爸爸也要跟小孩讲“你看，妈妈其实可以去工作的，但是她为了你，她不去工作，她如果像我一样早出晚归，那你一个人在家里怎么办？所以妈妈是疼你的，要不然她就去工作了。所以你要好好陪妈妈，要多听她的话。”这样更有效，比妈妈讲“我讲的话你要听”要强百倍。

交叉教育很重要，爸爸替妈妈打圆场，妈妈替爸爸打圆场。这样不但是帮对方，而且也让孩子比较容易接受，同时也等于是表现了你对另一半的体贴之意。这一点我妈妈给我很深刻的印象，我小时候也很调皮，我爸爸有时候被我气得厉害，然后我也很倔强，我就是不服气。可是我妈妈就会劝我：“你擦擦眼泪，然后我跟你讲是什么道理，如果你听懂了，你就去跟爸爸讲，爸爸气就消了，就没事了。”她就教导我，那我听听，觉得好吧，我就去跟爸爸讲我现在想通了，然后讲一下原因，就没事了。所以为什么父严母慈？其实是配合的，这配合很重要，你看一台戏，如果大家都唱武戏，那打到最后就打到台外去了，得有人唱文的、有人唱武的，他就好看。

第三个，两个人要有共识。父母要达成一个重要的共识就是对子女“善门难开”，任何事情不要答应子女太快。你看我小时候要去旅行一次，那不晓得要折腾多久，一会儿这样，一会儿那样。我深深感觉到这就是做父母的要把关，因为人的欲望越来越高，关把不紧的话，你这次一答应，完了，这个门已经打开了，下一次你就挡不住了。很多父母让子女以为你高兴就可以，你不高兴就不行，这会害他一生。很多父母就是这样，我们现在要让孩子从小就知道，应该做的事情，再难我也会做；不应该做的事情，再容易做我也不做，这个小孩就成功了，就差那么一点点而已。

比如今天爸爸心情很好，买10个玩具给小孩，这对小孩教育是不当的。但是太多的人这样，他们是在做自己，不是在做家长，因为家长是有责任的。父母两个人要互相规勉说我们是有责任的，以前没有做父母，我们两个人在家里爱吵架就吵架，爱打麻将就找人打麻将，我们爱怎么样都可以。现在做了父母，可以这样吗？多想一想，很多事情自然就化解了。

做自己跟做父母的区别，很多人都搞不清楚。有些父母认为这是我的家。这哪里是你的家？你不要生小孩，这是你的家，你有了小孩，这就已经不仅是你的家了，你们的权利已经被减掉三分之一了。自从孩子生下来，他就有一份，你到底是爱他还是不爱他，一看这马上就知道了。你心心念念还是你们两个，那你把子女放在哪里了？现在已经变成三个了，任何事情都要想到三分天下，他有他的存在，可是这样一来不是很痛苦吗？我当了父亲以后就不能打麻将，没有关系，到别的地方去打，何必一定在家里打？如果到外面打老婆又担心、又要念，这就要两个人有默契，次数要减少，这样一来，反而把自己的习惯改了，有什么不好？所以很多人跟我讲，自从添了小孩以后，整个人都变好了，所以很感谢小孩，他反而感谢小孩，这样的人也有很多。

总之，所谓的“善门难开”，这句话我们听了很多次，可是我们一直没有想到它的意义是这样的，“善门难开”，并不是不开，只是不随便地开。而是很仔细地，很小心地，该开多大开多大，不要把小孩的胃口弄大了，不然以后他一辈子痛苦。我们常常碰到乞丐，比如说他看到你这次给他钱了，下一次他再看到你的时候，就觉得你一定会再给他，好像是你欠他的，你非得要给他不可，他看着你的那种眼神就像是在说怎么这次忘记了？我们有契约的，你怎么赖账了呢？所以做这个事情就要非常小心，所以说“善门难开”。

我们可以培养，鼓励每个人心中有善心，但是要把“打开善门”这件事情做得很有技巧。因为善能结善果，善也可能结恶果，你用错了就会结恶果。所以为什么好心一方面可能有好报，一方面也会被雷劈死？就是因为我们以为是善心，结果是恶果。所以这个难开的意思不是说不开，而是说要很小心谨慎的意思。

我们在今天谈了，如何让孩子拥有正常的家庭环境，那我们就提到父母之间，首先就要约法三章，这个是非常重要的。

亲友往来

与亲友往来采取什么态度，对教养子女有帮助

有个重要的问题是不能忽视的，就是与亲友往来应该采取什么态度，才对教养子女有帮助？对亲友，我们自己应该怎么对待？我觉得要常同亲友来往，小孩将来人际关系才会好。你老不跟人家来往，小孩从小就觉得父母从来不与人来往，好像没朋友一样，那他慢慢也会有这种倾向，他也不太喜欢跟人来往，那他将来就很害羞、很内向、很闭塞，那我们又很担心他。

当然，不能说整天搞得吵吵闹闹的，那不可以。适当地来往，但是最要紧的就是要守礼节，就算是亲人，基本的礼节也要有。可是我们常常不守礼，见面乱讲话，乱开玩笑，甚至动手动脚，虽然我们是因为跟亲友的交情深才会这样，可小孩他第一个看到的是，原来人与人之间就是这样的，他就被误导了。所以大人在有了小孩以后，要教他与人打招呼。比如告诉他："这是王叔叔，来，你叫王叔叔。"你看，王叔叔你叫他，他就会照顾你，这是应该教的。这样才叫有教养。

如果有下属来，或者是比你职位低的人来，或者是有求于你的人来，你就很神气，那小孩也会看，他就知道原来职位高就可以欺负人。为什么有些人一长大他就懂这套？就是从小在家里磨炼出来的，所以家也叫作教养所。即使对方的职位比你低，我们也应该很和蔼地跟人家谈话，不要摆架子。但是我们要让小孩感觉到亲疏有别，那个分寸在那里，你怎么跟小

孩讲都没有用，他自己会体会、他会看、他会模仿。他做得不对我们再纠正他，让他调整过来，这样就好了。不要一开始就说这个要怎么样。还有就是有些父母常常找很多人到家里跳舞，或者是无论谁过生日的时候，他们都来你家，干吗每个人过生日都要到你家来？你到别人家去一次也可以。

如果都来你家，就害了小孩。人就是这样，偶尔一次热闹很好，长期这样，那他将来一安静下来就很痛苦。同时我们不要计较亲友的干扰，我们的亲友，最喜欢骗小孩，这是中国文化很重要的一环。

比如有些人老骗小孩说："你妈妈很有钱，她只是不买衣服给你穿，所以她才会叫你爸爸给你买。"其实他没有恶意，我们如果了解中华文化，就会知道这是好不是坏，因为从孩子小你就持这种教育，小孩才会学习防备，对不对？现在的小孩那么容易上当，就是没有这个经历，父母防备得太紧了，所以他就没有免疫。所以你让小孩去经历，有什么要紧。然后回来你说："是不是有人跟你讲妈妈很有钱？你看妈妈的钱就在这里，这是明天要买菜的，这是要还给别人的，钱要有预算，花完了，你喝牛奶的钱就没有了。"你可以讲，**因为任何一个变数都是你教育孩子的机会，**那你为什么要把孩子弄得很单纯？结果导致小孩更容易上当。很多人讨厌一些亲友来干扰自己教养小孩，其实从相反的方向来看，越早磨炼孩子越好。所以换句话说，我们在跟亲友交往的时候要注意亲友跟孩子讲什么话，要稍微注意听一下。比如你在倒茶的时候，你耳朵还是可以听，这个耳朵可以听得好远。当面不要说什么，如果你当面说"你干吗乱教我小孩"，这就很容易伤感情。就算你没有听到，回家的时候孩子也会告诉你，某某阿姨说你为什么那么有钱……小孩很诚实。

其次是不得已成立的小家庭如何与亲友相处。如果三代人能够住在一起，那是最好，如果是因为工作的关系不得已，或房子太小而没有办法三代同堂，那就只能分开住。我也常常跟一些建筑师聊天，我说你们破坏中华文化，你房子盖那么小，人家想三代同堂都没有办法。那就要怎么样？

要常常带小孩回家团聚，让小孩知道他也是大家庭里面的一个成员，这样一方面有亲情，另一方面使隔代有个联系，要不然的话，做祖父母的没有孙儿、孙女的印象，他们就有隔阂，就没有感情，就延续不下来。有时候孙子、孙女受到祖父母一两句话鼓励，也会改变一生的。不要小看这个力量，很多人都跟着祖父走，历史上这种事太多了。父亲正在忙的时候，小孩就把他的精神寄托在祖父的身上。孩子慢慢长大以后，他自己就可以回去，就跟祖父母在一起了，祖父母那时候已经老了，老了为什么叫含饴弄孙？就是他比较有时间，他就可以传承，而且他的经验很丰富，他知道方法，绝对是比爸爸更好的老师。

有人问家里的装潢设备，还有生活用品，采取哪些设计原则，对子女的教养比较有利？

第一个，我们主张物质生活不要一路往上提升。绝对不要。你让小孩享受惯了，将来他会非常惨。新一代人为什么那么茫然？就是他感觉怎么样也赶不上他爸爸，他很努力了可是没有用，机会没有了，然后他想买像爸爸买给他的东西，他感觉到大概也没有什么希望。他没有想到两个人之间隔了好几十年，时代不一样，爸爸那个时代稍微有钱的人，不是凭他的智慧，也不是凭他的努力，而是凭他的机遇，赶上那个时间白手成家，快速致富，比如他赶上拆迁，而现在没了。所以你给孩子太富裕的生活，对小孩以后自谋生活有阻碍。比如他已经习惯了某一种花费，那就没办法节省。所以就算有钱，你宁可给他教育费用，也不要在生活上让他更享受，这个很重要。

该走路他就走路，不要动不动就坐车，该自己动手让他去动手，不要事事请用人。至于他要上学，他读到什么时候，你供他到什么时候，这个钱才是用在刀刃上。可是现在很多父母没有这样做，孩子刚刚生出来就穿名牌，我不晓得他干什么。其实我是觉得穿名牌的人是替人家做广告，不拿一点儿广告费，还花钱替人家做广告，而且满街跑，这种人每次看到我就觉得很可笑，智慧到哪里去了？他付给你钱你还不一定做，那是活动广告。老实讲做活动广告的人，都会考虑自己为什么做人家的活动广告？可是现在你看，有些人在衣服的前面、后面、左右甚至连袖子这边都弄个标志，真是太夸张了，莫名其妙，西装这样子搞，真是不像话。

很多人说中国人不让小孩独立，这也是很奇怪。怎么不让他独立？我们最怕小孩长不大，老依赖父母，这会让父母很痛心。可是我们要慢慢地，就是不要一下让他独立到心中没有父母。我们要看他成长的阶段，孩子独立但心中有父母的存在，这就是我们很希望的，如果独立到把父母都忘光了，这是我们不希望的。所以**中国人的独立是有分寸、有程度的**。当然，孩子刚出生多半会跟妈妈一起睡，慢慢地让他睡一个小床，如果空间许可的话，长大以后给他一个房间，然后给他一个书桌，就告诉他，你在这里做什么，在那里做什么，他就知道。不然他就乱跑了，然后你再骂他。所以要给小孩子一个空间，让他知道天下很大，但是每一个人其实是只能获得有限度的自由。人如果有无限度的自由，这个人下场多半是很凄惨的。我们都是只能获得有限度的自由，这个空间给你，你把它整理好，你就有自由，你不整理好，连自由都没有，那至于其他地方你要尊重大家，你不可以爱怎么样就怎么样。所以我觉得这一点，如果能够从孩子小的时候就慢慢地放手，那这小孩长大以后，他就会独立当中有依赖，依赖当中有独立，这个多可爱。他该独立的时候他会独立，该依赖的时候还是要依赖，不然什么叫一家人呢？他也知道自由是有限度的，将来他也知道怎么跟老婆相处，其实从孩子小的时候开始教，你会觉得教养不难。

我们常常听说一句话，“做西装比较容易，修改西装就会伤脑筋。”那怎么做呢？所以我们现在要抱着做西装的心态一次把他教好，不要等将来后悔了才来修补。

我们在设备方面要简朴、要实用，够用就好，不要奢侈，不要故意把他弄得很复杂。比如，我就是要跟邻居不同，结果小孩就被绑架了，其实我们现在还是蛮浮夸的，因为我们的钱太多了，多到不知道怎么用，这才糟糕。

有时候你一弄就是十几万一套沙发摆在家里，每个人都跟懒骨头一样躺上去。那小孩从小躺在那里他就“起不来”了，你叫他怎么发奋？怎么努力？怎么有骨气？他骨头都软了怎么有骨气呢？这个其实跟父母亲在某个阶段的想法也有冲突，比如父母想我已经四十几岁了，我好不容易可以买一套舒服的沙发，而且这套沙发我已经想要很久了，可是偏偏现在孩子又小，他们一坐进来骨头就软，那我是不是要牺牲我自己的舒服不买沙发？这里有两种想法：一种是说他来了，我不要牺牲很多；另外一种是他来了，我还是少作怪。如果是有钱就想作怪，正好要为孩子牺牲，使父母不敢作怪，其实很好。一辈子不坐那些软沙发，你骨头永远是好的，你下辈子还是坚毅的个性，你这辈子一垮，以前的努力整个就泡汤了。为什么说钱会害人？你看没有钱的人都很有志气，一有钱他就松垮垮的，很多人受了钱的害还不知道，他为什么不想想以前没有钱的时候很快乐，他与人家处得很好。有钱了，他开始忧愁，开始患得患失了，开始对任何来找他的人感到害怕了，他会以为别人是来找他借钱的。

你看现在很多人接电话也要录音，那这样的人给人家的感觉怎么样？一切都是钱带来的麻烦。钱很可贵，但是要用在适当的方向上；钱很可恶，因为它会害人，会把人整个“淹没”。为了让孩子永远在正常的家庭环境里面成长，我们要把钱这个因素仔细地考量。一辈子辛苦赚钱，把自己的三代子孙统统“淹死”了，这是很可怕的后果。很多人不知道，孩子将来第一次赚10万元钱的那种快乐，因为从小享受太多反而完全没有了。什么叫作享受？这才是每个人要去反省的，你看着小孩一天天长大，而且越来越好，这是享受，比买沙发更享受。

精神面才是永久的，可贵的。物质面，还有我们的身体，尊贵不起来的。我常常讲这句话，就算你是神仙下凡，长了一副好皮囊，可是仍然挡不住生老病死。绝对跑不掉，哪个人不生病？这样一来我们就知道了，钱够用最好，多了以后我就要注意怎么去合理地花销。很多人说钱花在自己身上才是享受，这句话我不赞成。钱花在合理的地方才是享受，不见得是花在自己身上。我们常常讲会赚钱的人，不是很能干，不是很有智慧，会花钱的人才了不起，因为把钱花得恰到好处很难。赚钱，反正你拼命去赚就是了，甚至很多人是用命换钱的，血汗钱是很可贵的，但是用命换来的钱，那就很可怕了。命不是说赚了不义的钱马上被抓去才叫命，很多人到最后才知道，自己这些钱是命换来的。大家要注意一下。

第三章　父母应扮演好各种必要的角色

我们说你唱什么就要像什么，你唱武生你就要有武生的样子，你不能文绉绉的。当你下一次扮小丑的时候，那你又要有那一番味道出来，唱什么像什么其实就是角色扮演。

角色扮演

父母通过“唱戏”启发孩子最有效

今天要跟大家说的就是父母如何扮演各种必要的角色。现代父母要扮演一些角色，不过在扮演角色之前，我们要先把角色扮演这个名词探讨一下。像这种名词，我们总以为是从西方的语言中翻译过来的，其实不是，我们中国人把它叫作“唱戏”，唱戏就是角色扮演。很多名词我们真的把它看得很清楚的话，会发现它是东西方都有的东西。

我们说你唱什么就要像什么，你唱武生你就要有武生的样子，你不能文绉绉的。当你下一次扮小丑的时候，那你又要有那一番味道出来，唱什么像什么其实就是角色扮演。我们很早就懂得用戏剧来教育子女，所以父母在家里也要“唱戏”，**你们唱什么样的戏，子女就获得什么样的教育和影响，我觉得这个是我们首先要认识到的**。可是我们现在不“唱戏”了，不“唱戏”就是没有做好角色扮演，可以这样讲对不对？我们现在太自我了，总认为说我爱怎么样就可以怎么样。没有子女之前我们的确可以爱怎么样就怎么样，可是有了子女以后，我们要尊重他，因为是我们要把他生下来的，不是他自己跑出来的，对不对？既然把他生下来就要重视他。他在看戏的时候我们就要唱得有模有样，这个是我们首先要自我检讨的一点，不能观众在场的时候我们在那嘻嘻哈哈，对不对？我们每一次讲什么话，我们心目当中都要有观众的存在，那表示我们“唱戏”唱得很好。

假如有一天，我们完全把观众撇开了，那就不叫“唱戏”，叫胡闹。

我是觉得父母有单独的生活没有错，可是当跟子女在一起的时候就要提高警觉，我们现在应该扮演什么角色，心里要有个数，就是说父母之间你讲什么话，我讲什么话，两个自然要按照那个剧本去唱，唱完了就收到效果了。至于说父母是同样的还是不同样的表演，我们看一出戏，如果从头到尾打架没有什么好看的，如果是从头到尾哭那更没有人想看，所以同质性太高不好。所以难怪我们在选对象的时候，发现自己缺少的那一部分，对方身上有的才找。所以我们要异中求同，同中求异，这样对小孩反而是更好的一种教育。

可是这里大家会有个疑问，就是说所谓“演戏”，心中又有观众，会不会让孩子说你怎么老是演给我看，你没有好好地教我，都是要演给我看。这个倒是很好的问题。我们看人家演戏，觉得这个人在演戏，可是我们看了某些人的时候说这个人很入戏。入戏就不一样了，入戏是他整个的身心都投入到角色里了。那时没有人会怀疑他。所以我们要入戏，我们不能像临时演员一样凑合，那不行。你不能当路人甲，孩子你生了，你怎么能够当路人甲？

父母对孩子教养是一生一世的事情，不能够说是演完就算了，这就是差别。所以在入戏之前我们就要考虑到，父母两个是不一样的家庭出身。所以不管是认知也好，或者是价值观也好，或者是生活习惯也好，都会有自己既定的一些想法，所以在面对孩子的时候，谁先碰到就谁先说。其实，谁是一家之主，背后真正的“大老板”是谁，孩子会观察，然后就听那个人的。

在怀孕的时候，父母就应该很冷静地谈谈：“小孩要出生了，我们要怎么样教育他？打算把他教成什么样的一个人？”这时候就要把剧本先写好。但是我们都没有做这一套，要“唱戏”都没有剧本，你说你的，我说我的，算什么呢？就算说相声他也有个主题，不能一个人讲这个，一个人讲那个，那样观众就搞不清楚你们在讲什么。所以我觉得，从怀孕开始，父母就要很正经地去谈，目标要一致，方法可以有点儿不同，因为你让小孩只接受到一种模式，对他并不是好事，以后他就很呆板，他就没有活力，他也没有弹性，他自己也不会调整。爸爸刚一点，妈妈柔一点，爸爸难说话，妈妈好说话，就让小孩知道世界上有不同个性的人存在，将来他到社会上，适应力会比较强。

像这样的角色扮演，父母之间本来就有一些不同的特性。万一父母在某些个性上比较类似，他们当初是因为个性相近才吸引、才结合的，他们到底要不要特别去扮演？还是说顺其自然适当地扮演就好？我觉得这个勉强不得，你弄一个假面具在这里，在小孩面前一套，背后又是一套，小孩迟早会发现的，对不对？他会很不屑的。他马上会觉得你完全是讲给他听，做给他看的，那他对你没有信心，你以后就更难了。所以我们还是要很真诚的，就是说你的秉性是什么样，就是什么样，因为人的本性是最可爱的。扭扭捏捏，最让人家不喜。那么小孩子，他碰到这样的父母是他的命，对不对？所以小孩也要顺着这个命，至于他要学父母，还是他将来要走出跟父母完全不同的路，那是他自己的造化，对不对？

我们看戏，很喜欢这个戏里面的角色，我们就去模仿他，这是一种反应；我们很讨厌那个男主角，最后我就扮演跟他不同的样子，也有。所以有人说，什么样的父母一定教出什么样的子女，这只是概率上比较大一点儿而已，不是全部如此。孩子可以选择，看他到底是要学习，还是说看到不好的他反而不去做，他是可以选择的。

举个例子，一个小孩不抽烟，你问他你为什么不抽烟？有两种答案。一种是“我们家里没有人抽烟，我怎么会抽烟呢？”可是还有另外一种答案就是“我父母都抽烟，所以我就绝对不抽烟。”所以父母不必去介意这些事情，我们唱一出戏，是让观众有不同的感受，所以为什么“唱戏”跟说教不同？说教就是说我要教这个道理，大家一定要听，结果效果不怎么好。可是“唱戏”他就这样唱来唱去，绕来绕去的，他也没有说他一定要讲什么道理，你自己去体会，有的人感受得很深，有的人感受很浅，有的人甚至产生反效果，那是他自己的事情，我觉得这样比较好。这样的话，在教养子女当中，父母要在意的到底是什么？就是要在意道德的规范，这个是很重要的。

我们要做一个正正当当的人，我们的行为要规规矩矩，每次讲话都要很实在，如果不方便讲的暂时可以不讲，但是不要骗人，像这些很基本的东西我觉得夫妻双方应该一致。假如不一致，夫妻双方根本就没有互信，这个家庭会有危机的。我们常常讲这句话，在同一个屋檐下，两个没有血缘关系的人，居然敢晚上睡在一起，这是很可怕的事情。家里面每一个人都有血缘关系，只有夫妻两个人没有血缘关系，这两个人居然敢睡在一起？所以就要有互信。所谓互信就是说你对我讲话，我敢相信你，那么在这当中就必须有些共识，比如说我赚多少钱，我不会隐瞒你，像这些我觉得最基本的东西，我们也不用去怀疑，那么我们面对子女的时候也很坦然。

至于说爸爸抽烟，妈妈打麻将，那各有所好，我觉得也不必完全为子女牺牲到戒绝一切，我认为不需要这样。只不过我们要尊重子女，就是在家尽量不抽烟，有些爸爸会跑到外面去抽个烟，然后再进来，这样就是修养很好了，你还要怎么样？妈妈在家绝对不打麻将，可是她周末说："我去看个朋友，去打一打麻将。"我也不反对，为了一个小孩，我们就完全把自己牺牲得很彻底，将来就会怨这个小孩。比如会对小孩说："我当初为你牺牲多大，你现在一个月才给我300块，水电费都不够。"真的不需要这样，我们还是要有自己的生活，就是说像抽烟、打麻将这些基本的不能隐瞒，要很诚实。

应对分歧

父母在道德观上有分歧时，怎么正确教导孩子

父母在道德观上有时候会出现分歧。比如，当父母对某个人的行为进行评价时，会出现不同的评价结果。这样的话，孩子就会受到关于道德的不同标准。碰到这样的情况，父母如果照剧本来讲当然没有问题，可是偏偏有时候一时兴起。就是说假定在“唱戏”当中有一个人把词唱错了，那怎么办？我们不能说，你唱错了，这样对观众没有交代，我们要适应他，可也不能完全跟着他走，我们还是要想办法把他拉回来，我觉得这样就够了。

讲清楚一点，就是说小的不同，其实不是很重要，因为我们要让小孩从小在一种多元化的环境中成长，这对他是比较有帮助的。可是如果发现对方有重大的不同的话，那这时候就打住，不要当面去跟他讲，要先把话题移到别的地方去，然后背着小孩，就跟他讲，你刚才为什么讲这个话？这很严重。然后两个人有了沟通，有了整合以后，想办法再唱一出戏，把刚才可能产生的后遗症挽回来，这样就很好了，对不对？

比如说爸爸突然说：“我以前那个老师好可恶。”妈妈一想老师怎么可以说可恶，这对小孩的影响会很大。妈妈这时候就说：“来来来，你吃一块红烧猪肉，看看好不好吃。”把话题岔开，不让爸爸谈这个问题，吃过饭以后，就把爸爸拉到房间里面去，说：“你刚才为什么当小孩面讲老

师可恶？你怎么可以讲这个话？你会影响他。”爸爸说：“我也是一时情绪上去讲出来了。”然后妈妈说：“这没关系，因为不是有意的。”然后两个人出去，爸爸就很自然地说：“我刚才讲的老师其实不是我的老师，是别人讲那个话，我听了以后，在转述他的话的时候，没有讲清楚，我们家人怎么会讲这种话呢？不可能。”这样就解决掉了，人总是会有差错的。如果爸爸觉得老师也是可以批评的，那这两个人就要好好讨论一下了，因为这就牵扯到根本问题了。

我们举个例子，在路上看到乞丐，小孩就说：“妈妈，他好可怜，给他5块钱吧。”妈妈给不给？这是原则问题。妈妈说：“那乞丐是骗人的。”这是一种教育。可是另外一种人就给小孩5块钱，说你去给他，培养孩子的爱心。这两种是完全不同的，但是这个不能乱，不能说高兴就给小孩100块让他给乞丐，不高兴就说那是假的，弄得小孩思想错乱了。像这种我们应该很注意，父母双方对这些大的原则要有默契，要有共识，让小孩慢慢地也受到感染，就形成家风，对不对？看到乞丐，我也知道他们后面有人在操纵，可是你从另外一个角度想，假定世界上没有乞丐这种角色，你想做一点儿好事都找不到对象，那管他背后的真相是怎么样，你就给他5块钱，你就满足了自己行善的愿望，终于表现出你的善心，有什么不好？又不是100万的事情，每个人看法不一样，我们要尊重每一个家庭，他们的一些做法将来会成为道德规范传下去。

有些父母也许因为看到社会新闻，担心很多乞丐是假的，或者说背后有人操纵，给他的钱不但到不了他手上，甚至还可能成为背后那个集团压迫他的一种方式，在这种情况之下，他当然就叫孩子不要给。可是后来觉得这样不行，这样孩子好像变得没有爱心，在路上看到残疾人、生病的人就不会懂得关心。于是父母又思考是不是也该教他一些爱心？于是看到某些乞讨的人，譬如说肢体残障很明显的，那个不太可能是装出来的，于是就告诉孩子说这个不是假的，这个我们要给。那像父母这样子前前后后不一样的做法，会不会让孩子感觉矛盾？要怎么样来跟孩子解释呢？我相信事实上小孩是感觉矛盾的，因为他的判断力是不够的。我们话讲回来，大人的判断力也不够。你说那些残疾人的背后有人在操控，也不见得完全没有，我们真的没有办法去搞清楚这些事情。

比如我到某些地方的时候，看到一些乞丐，如果一给他们钱就会没完没了，后面一大堆就上来了，所以不能给。可是不给又觉得这样不对，是不是？我会采取什么样的做法呢？我就是看看看，晃晃晃，等到快上车的时候，我会塞5块钱给一个乞丐，然后我就上车了，这就没有“后遗症”，但是我心也就安了，最起码那么多人当中我帮助了一个，至于其他人怎么样我没有办法，那不是我的能力所能够做得到的，合理的行为才是我们要追求的。

我们教小孩就教他合理做事。合理很难，可是不能因为它难我们就放弃。我们要告诉小孩，一切以合理为标准，可是合理是很难的，所以你要小心，什么事情都需要跟父母商量，父母不会害你。就这几句话，那么小孩就能有一个方向，他不会乱。他不会觉得你高兴的时候这样，不高兴又那样，那他以后也模仿，那就糟糕了。所以孩子如果心里面有疑惑，他提出来并不是坏事。如果让孩子平常就养成不懂的时候、需要帮忙的时候去找爸爸妈妈，这是很好的事情。告诉孩子哪些事情可以去问爸爸，哪些事情可以问妈妈。要分工，分工不是性别歧视，比如妈妈是学数学的，那我们没有理由说你有数学问题就问爸爸。偏偏爸爸是学体育的，他一生最恨的就是数学，那就是给爸爸难堪。

分工要看个人的专长。传统文化中“男主外女主内”的分工，让人还算满意，因为一个男人在外面打拼是很辛苦的，女人操持家务也是非常辛劳的。可是今天不一样了，今天男女平等，大家工作机会是一样的，那怎么一定要“男主外女主内”呢？可是，我们还是要做到“男主外女主内”，我们只要把自己的想法调整一下就好了，我们首先把“男主外女主内”看成一种分工合作的大原则，这样就好了。我们男女可以互换，比如说这家人，太太社交能力比较强，外面人际关系比较好，活动她也比较有兴趣，就让她去主外，有什么关系？凡是这一类的事情她主外，没有关系，那么先生就主内，也可以。把男女随时对调，就是说比较喜欢在外面的我们都把他用“男”这个字来代表，那么比较喜欢待在家里处理家务的我们都把他用“女”来代表，这样就好了。那这样不是女生就变成弱男了呢？那也不见得。我的意思就是说，要把某些角色的分配搞得很清楚，至于是由爸爸来扮演，还是妈妈来扮演，其实没有关系，但是分工是重要的，而且可以双方协调，我们再讲清楚一点，我们大的原则就是“男主外女主内”，在这种家族的互动上面都是这样的一个关系。

可是当两口子自己面对朋友时，应该如何分配角色呢？比如说像我们两个人，我比较喜欢社交活动，喜欢到外面跟朋友来往，她比较喜欢在家里，那也不要勉强她，这部分我去就好了，这时候就是“男主外女主内”，就是男女这两个关系可以对调，我们可以是男主外，也可以女主外，可以男主内也可以女主内，就是看我们两个人的长处来划分，而不是以行为固定来划分，我觉得这个太重要了。我们总不能两个人都主内，都在家里面不跟外面联络，那就没办法工作了。反过来讲，两个人都在外头打拼，家务事也没有人管，所以一定要有所划分。分工之后，双方的情况就很清楚了，而且会让整个家庭的功能更加健全。

妻子在外面跟人家来往，人家会说你是先生吗？不会吧，你还是女士。男人在家里面工作，别人会认为你是太太吗？也不可能。我觉得，我们要把这个内外也要混起来谈，不一定是说家以外就叫外，家里面就叫内，不一定是这样子的。内外也可以混合，性别也可以调整，基本上是为了个人的长处可以得到合理的发挥，这样的分工不是很愉快吗？可能内外的划分还比不上阴阳的划分，比如某些性质比较属于阳刚方面的工作，看谁擅长谁就来做。

比如说有亲戚朋友生病了，我们两个人当中有一个人不适合去看病人，这不是迷信。有人跟我讲，他一辈子不去看病人，我说为什么？他说我没有办法，我一去看病人，他好了，我就病了。我说你这是心理作用，他说每一次都是这样，还是什么心理作用？我们也不能说他没有，那这种人你勉强他一定要去看病人就过分了，这个就把他当作什么？主外的人去看，我觉得这样很好，人不要太勉强，对不对？在这种情况之下，内外分一分，男女性别分一分，同时再加上一切都是两方同意的去做，那不是很愉快吗？双方同意，了不起签个字，这可不是为了离婚签字，是为达成共识。

性别可以调整，内外可以混合，前提是双方都同意，另外就是让双方本身的才能能够调配。常常有很多人问我，家里洗碗是不是先生洗一次，太太洗一次？现在有很多人很计较这件事情。那我就跟他讲，看这对夫妻是怎么个状况，如果两个人都没有什么出息，先生洗一次，太太洗一次。如果太太很有出息，先生每天洗碗；如果先生很有出息，太太每天洗碗。这就是成全，“我没有出息，你有出息，那干什么让你来洗碗？我洗碗你更有出息，我洗就好了。”这里所谓更有出息指的就是他对社会更有贡献，或者对家更有贡献，就等于把时间省下来做更有意义的事。而且洗碗不见得是苦事情，你很开心的时候去洗碗，你觉得洗碗也是种享受。有人就说，“你都不帮我洗碗，我看看我能洗到什么时候，看能够连续几天。”其实人的情绪是有起伏的，在这个时候其实我们可以互相调换一下，如果有一些你认为比洗碗更重要的事情，因此不来洗，我觉得是可以谅解的。所谓互信互谅，其实就在这里，不要很呆板地去分工，这次你去，下次我去，那个就是契约性。契约性的同居很快会分离的，但是我们是打算在一起一辈子的，那你吃点儿亏，那我占点儿便宜，下次你占点儿便宜，我吃点儿亏，没什么关系，这样心情就好了。

角色搭配

教育子女，父母要有刚有柔、相互配合

其实夫妻之间如果真的分得那么清楚，就表示大家不把他当自己人，同时没有长久的打算。担心我这一次占了你便宜，我下次不晓得什么时候能够还你，我赶快把它还了吧！可是夫妻之间哪有这种限定时间的呢？不应该是这样的。这辈子还不了还有下辈子，我让你还我三辈子。可是下辈子不一定男的还是男的，女的还是女的，说不定颠倒过来。那很快就还清了，这样才还得快。那么从上一节内容里面，我们有了现代“男主外女主内”的新内涵，那么在角色扮演里头，我们必须要把握哪些要领呢？

我是觉得还是要刚柔配合，男性要有男性的样子，叫作男子气概，我现在比较担心，你看我们的下一代，男孩比较女性化，因为什么呢？因为他多半跟妈妈在一起，而且小学老师又是女性的多，影响就很大，讲话女性化、行动女性化，我觉得这不是好现象。因为我们一个人他有女性荷尔蒙，有男性荷尔蒙，那么你既然生为男的，你就应该有男性的气概，不能扭扭捏捏，讲话嗲里嗲气的。我没有说那个不好，那个表现在女生身上是很好的，可是表现在男性身上总是让人家感觉到不太对劲，总是怪怪的。相应地一个女生如果说走起路来像男的一样，讲话也粗里粗气的，我觉得好像也不够柔。所以为了给小孩一个比较均衡的发展，**第一个家里面要有刚有柔，这样会比较好一点。**

比如说爸爸发脾气，妈妈就把子女叫过来，告诉他：“爸爸是为你

好，他不是把气发在你身上。”然后就用毛巾给小孩擦擦眼泪，倒杯茶给小孩喝一口，然后在小孩情绪稳定的时候，跟他说：“你去跟爸爸道歉，没有事的。”这不是很好吗？如果爸爸骂，然后妈妈打，小孩一定会跑出去，因为两个人都刚的话逼得他走投无路。但两个人如果都柔，那种可怕的结局更是叫人家无奈。所以两个都柔也有可怕的结局，两个都刚也有可怕的结局。

你看多少人在外面讲得头头是道，表现得有板有眼，但是一谈到子女的时候他只讲一句话，我天不怕地不怕，就是拿我儿子没办法。很多这样的父母，这是人生很大的悲哀。我以为他儿子身高八尺呢，我说你小孩多大了？他说才12岁就拿他没办法。12岁你就拿他没有办法，你堂堂一个大人物，拿12岁小孩没有办法，那是怎么回事？太柔的结果小孩被宠坏了。如果是妈妈比较刚，爸爸比较柔可以吗？可以，反正就是要一刚一柔。最起码让他感觉到世界上是有柔有刚，有恩有威的，而不是很单纯的一个东西。所以这还不止是个性的问题，这是要扮演的角色跟态度的问题，**不要让小孩生活在一个很单纯的环境当中，家里太单纯就会让孩子像温室里的花朵，他将来会没有弹性**。所以我们在家里面就要造就一个比较复杂的生活环境。

第二个就是说必要的时候要更换角色。比如说妈妈在家的时候妈妈比较温柔，妈妈出去旅行一个礼拜的时候，爸爸总是很严厉，那这一个礼拜孩子就好像被关在监牢里面了，小孩就开始怕了，以后小孩听到妈妈要出外旅行的时候他就惶惶不可终日了。应该是妈妈在外的时候，孩子如果伤心爸爸就劝劝他，爸爸就替他抹抹眼泪、抱抱他，他感觉到爸爸有时候跟妈妈一样，有刚的一面，也有柔的一面，这很重要。小孩子就知道爸爸只是说为了给我一些警惕才表现出那么刚，实际上他的内心还是很柔的，这个时候反倒是爸爸的好机会。反过来也是一样。比如爸爸在忙的时候，妈妈有时候也骂他一两句：“你以为我不会发脾气？你以为我是病猫吗？”这样子小孩才知道什么事情都不能过分，一过分，像妈妈平常这么温柔的人都会发这么大火，对不对？可是当小孩表现得好的时候，像爸爸这么严厉的人他也会很柔。这是重点，这就是教育。

其实教育是一种气氛，人在那种气氛里面自然会产生一些感触，自然会形成一种反应，一些行为就是受到气氛的感染所产生出来的反应，这是很自然的东西。刚刚也谈到男孩子要像男孩子，女孩子要像女孩子，儿子跟女儿在这个时候他怎么去学习，适当的时候采取一刚一柔的方式，比如爸爸可能严厉的时候比较多，让他有所学习，万一是妈妈严厉比较多又怎么办呢？妈妈严厉比较多的话，我觉得孩子自己会选择，因为他还会跟他同学，跟邻居去比较。他如果问起来说为什么人家的妈妈都那么柔和，那为什么他自己的妈妈这样？这时候爸爸就告诉他："其实男性有刚有柔，女性也有刚有柔，我当初之所以喜欢上你妈妈，就是因为喜欢她严厉，我自己太柔和了。"你可以告诉他。不能让儿子、女儿都以为一辈子都是爸爸受欺负。所以我觉得在适当的时间应该要指点。

我比较不喜欢用"教导"这两个字，用"指点"。你"指点"他，让他自己去想。"指点"跟"教导"不同之处在哪里？"教导"就是一口气把道理说得很清楚，那小孩只有接受你，他就没有思考；"指点"不是，"指点"是指他，点他，那小孩就会想，你怎么讲一半就不讲了，后面到底怎么回事？然后你再点他一下，让他再去想。这是分段的，不要一次讲清楚，我认为这个对教育比较有功效。如果你讲了半天小孩根本不想，你就知道你点他点不动，要用别的方式再点他，点到他开始想了，你让他去想，你不要马上给他答案，一会儿再问他："刚才那个问题你想通了没有？"让他讲给你听，然后你说你讲得很好，不过还有一些问题，像这个是这样子，然后再点他，不要一次把答案完完整整地给他，我不赞成这样子。**会思考的孩子会赢，不会思考的孩子就很麻烦**。因为他以后自己要面临一些困境，我们无法帮助他一辈子。

这里面我想到一个很重要的问题，还是回到刚刚男孩子像男孩子，女孩子像女孩子的话题。虽然有些人会觉得，要让孩子自由地去发展，可是我们社会上对于男人、女人毕竟有固定的期待，即所谓的刻板印象。当然他可以刚柔并济，但是男人在这个社会上要表现阳刚的一面，即使他内心是比较柔的，他还是要将相当的气概表现出来，否则在社会上难以立足。如果我们在家里面没有对男孩子进行适当的阳刚性格培养，将来他要发展好像会比较吃一点亏，这个真的是非常重要。因为整个社会，不管东西方，毕竟男女是有区别的。我们经常说一个人“男不男女不女”，那是少数。如果多数人都是这样，那当然我们会无所谓，实际上我们现在可以看出来这是少数。多数人还是男的比较像男的，女的比较像女的。如果将男孩培养的很阳刚，将来他长大以后，跟他的同性相处的时候，不会被人家当作取笑的对象，最主要的是还能帮助他适应之后的生活。

你看几个男生在一起，常常欺负那个比较柔弱的小男生，就是因为他太女性化了。如果一个女生太过男性化的话，将来也会逼得她走上一条不是很好的路上去。所以在这方面，父母亲要特别留意。

我们又谈到一点，父母有两种角色是不能扮演的。一种叫小丑的角色。你看很多父母，常常跟小孩开玩笑，闹成一团，那你就完了，你有一天要给他指点什么的时候，他以为你又在开玩笑。他分辨不出来。父母不能够扮演小丑的角色，对不对？你可以带他去看小丑，然后你告诉他：“他们的技艺其实是很高超的，才有资格当小丑，不是说技艺很差的当小丑，只不过他为了博得大家的一笑，他故意装成这样子，如果他天生就是这样，根本没有人看得上他。”所以应该给他教育，但是现在很多人都没有，我发现很多年轻的父母就是跟小孩闹成一团，抱着枕头在床上面翻滚、扮鬼脸。

第二种角色就是不能扮演警察的角色，为什么呢？就是说父母躲在旁边，然后看到小孩一有不对马上抓着他，让孩子措手不及。小孩心里想：你算什么？这两种角色做父母的要避免扮演。“父亲要像父亲，儿子才会像儿子”，今天我们讲句不好听的话，很多父母已经失去了身份，他认为我跟小孩打成一片，好像做他的朋友什么的才对，其实错了，还是要有一点儿尺度，我们把这个叫作安全距离。父母子女之间要有一个安全距离，否则你将来板起脸来都没有用，他以为你又装成板脸的小丑，他就搞不清楚你是真的还是假的，然后你每次跟他讲什么他都认为你在跟他开玩笑，这是最可怕的，没法教导。

父母怎么才能跟孩子拉近距离？如果没有跟孩子打成一片，很多父母就会担心跟小孩生分了。其实拉近距离的方式很多，比如讲故事给他听。比如父母可以在旁边欣赏他玩游戏。小孩也很需要人家欣赏，小孩在玩的时候，父母经常有一个错误观念，就是小孩在玩，没他的事，他就去打电话聊天，那小孩就开始吵闹了。小孩在玩的时候，你在旁边看书，你有时候看看他，他就很放心地在那儿玩。所以像这些都是和孩子打成一片的好办法。你可以买一本书给小孩看，说："我太忙，但是这故事我很喜欢，你看完讲给我听。"为什么一定要父母老讲故事给小孩听呢？小孩讲给父母听也可以，我觉得有很多方式可以实行，不要整天跟他装鬼脸，装鬼脸是很表面化的东西。

言行得当

父母应该避免哪些不当言行

很多父母老喜欢当着别人的面赞美自己的子女。比如有些父母爱说：“我的小孩好聪明，你知道我家小孩这次考100分，你知道他老师一直说他是模范儿童吗？”这不可以。

第一个，这样会使小孩子将来变得很猖狂，而且很喜欢炫耀。他有了这种习惯以后，就会追求这样的东西，一旦受冷漠的时候，他就会想方设法引人注目，你看多少人要把头发染成奇怪的颜色，或是用塑胶把它梳成怪样，就是他想得到人家的注意。我们有一个原则就是说要**私底下赞美他，但在公开的场合不能赞美他**。公开的场合有时候要说：“他还要努力，希望各位多指导他。”应该这样讲才对。一方面，你在别人面前炫耀自己的子女会让别人没有面子，这是一个问题。另一方面他对你的子女就不会有好感，这会害了你的子女。

第二个，让子女认为一切都可以公开地炫耀，将来他就不懂得谦虚。将来他可能会变成一个喜欢到处宣扬的人，宣扬自己的工作、住的房子、买的车子、最近又去那里旅游了，等等。这做样的话，一是会引起朋友的嫉妒，让别人觉得自己没有面子，反而影响他人际关系的顺利开展。如果那一天他有求于人，反而无人愿意出手相助。二是孩子习惯了宣扬，就不懂得谦虚。将来在工作或生活上遇到问题，他就不懂得向周围的人请教、学习，这反而成为他进一步发展的桎梏。三是一味地宣扬，让孩子以为做事是出于周围人的肯定，有可能会造成他以别人的评价标准建立自己的自尊模式，可能会被别人的评价牵着鼻子走，使他反而无法因个人兴趣，专注地做一些事情，在事业深耕方面大有影响。

第三个，最严重的就是说，活在这种被夸奖，被炫耀的气氛里面，这个人就很难安静得下来，他迟早会走上那条我们所不喜欢的路上去，一天到晚想尽办法吸引人家的注目。我发现很多父母有这种想法，好像夸耀自己小孩很有面子，这是很自私的行为，用这种字眼或许有些过激了，要加强大家的这种警惕，我才会这样讲。现在好多的妈妈，尤其是爱心妈妈，简直不得了。千万不要把自己的荣耀建立在小孩的教养上面，这是很不好的行为。

并不是说不能够赞扬孩子，可以适当地赞扬，但最好是在私底下。公开在别人面前是要让孩子知道，天外有天，人外有人，同时也要帮助他，帮他做好公共关系，让别人不会嫉妒他。而且我们在技巧上更要小心，比如说赞美一个小孩，最好不要用一些很好听的话，如“你最近表现得很好，你是个很可爱的小女孩”，这种话不要讲，这是客套话，这会养成这个小孩将来专门讲这些的习惯。嘴巴讲得很好听，心里没有那种感觉，也没有那种行动，这是不好的。我们要对孩子说：“你最近桌子整理得比较干净，你是比以前有进步了。”这都是很具体的赞扬，小孩将来用这样的态度来对别人的话，他比较有利。赞扬小孩的时候，不要用太多形容词，搞了半天最后是假的、虚有的，这是不好的。我们现在很喜欢追求形容词，真的不好。综合前面的内容，我们明白男孩要培养阳刚之气，父母在教养子女中要注意角色的更换，父母不能扮演小丑和警察。另外，父母也要及时纠正自己的不当言行。

父母不当的言行除了公开赞美之外还有其他的。第一个，父母在子女面前，批评自己的父母。这个是绝对不好的事，因为你就是教小孩将来批评你。

我们有一个流传很广的故事，就是有一个妈妈做了一个木头的碗，那么小孩就问她："为什么要用木头做碗呢？"她说："要给祖父吃，因为他常常打破碗，我们就弄个木头的看他能不能打破。"小孩听了觉得很有道理，所以他自己也开始拿一根木头，一整天在那里刻刻刻。有人问他："你刻什么？"他说："我也刻一个木碗给妈妈吃。"一报还一报，绝对不可以在子女面前批评自己的父母，不可以。

第二个，不要责怪亲友这样那样，我很坦白讲这些是大人的事情，不要牵扯到小孩。比如张三和李四的恩恩怨怨，不要在小孩面前去扯，因为他从小就感到这个人很复杂，会影响他对这个人的信心。大人的世界难免有一些纠缠，不要影响到小孩，这方面让他慢慢去体会，我们只要让他知道世界是多元的，不一定哪种好、哪种坏，至于这种细节，他慢慢随着年龄成长自然会感受到，不要太快告诉他。不要对他讲，张大嫂是坏人，她欠我们多少钱，你以后要怎么样怎么样。不要太早给他这么大的压力。

有人问："如果换一个角度，比如双方怨恨很深，对方可能对孩子不利，欺骗孩子或者把孩子拐走。那我们就会担心孩子，那对方确实有这样的行为我们应该怎么办？"这是很重要的一点，我们不能够禁止任何人去骗自己的小孩，根本是不可能的。尤其我们中国的大人很有兴趣的就是"欺骗"小孩，对不对？他常常拿一个不能吃的东西骗小孩说："这可以吃，你放在嘴边。"大人认为自己是逗他，实际上是在骗他。我们从正面来看，这对小孩也有好处，不是只有坏处，这样他才有警觉性，认为有些人是开玩笑的，有些人是恶作剧的，有些人是真的，他慢慢去分辨这些事情。当然，我们可以帮助他，帮助他的意思是什么？就是说父母可以通过交谈来暗示小孩，不要直截了当去告诉他。我长期观察的结果，你直截了当去告诉小孩一件事情，小孩常常是产生刚好相反的印象，他认为你是为你自己好，你不是为他好，对不对？所以你就开始被"隔离"了，他反而会这样做，我们不要这样。

比如爸爸对妈妈说："今天阿姨来了，她有没有送给我们什么东西？"妈妈说："今天没有，你要小心，她常常弄一些假东西给小孩。"这样就好了，看起来提醒你的另一半，但是实际上小孩听得很清楚，他就认为是真的。讲话要有一些技巧，不要直接告诉他这个人要注意什么什么的，那都会起反效果。大家都觉得这样比较快，这样比较直接，但是产生的效果是相反的，小孩会觉得你们大人在吵架，就是拿他来当你们的挡箭牌，这样不好。

最后我们还要谈到一点，父母分工我们也可以比较明确地来讲，比如说小孩的安全应该是父亲要负比较大的责任，对不对？尤其现在社会这么危险，这么乱，他行动上的安全，他随时的这种防卫，当然父亲要尽点责任。那么他身体的健康，母亲要负点儿责任，所以我们把爸爸叫作保安员，把妈妈叫作保健员，对不对？

小孩将来长大了，他怎么去找工作，怎么去适应职场，这个爸爸要多关注一些。在家事的方面，母亲要教他，比如怎么把碗洗干净，怎么拿筷子，很多人不会拿筷子，你要教他筷子应该怎么拿，喝汤怎么个喝法，这些都是妈妈来教。怎么运动爸爸来教。怎么把自己的整洁弄好，妈妈来教。怎么交朋友爸爸来教。怎么把经济安排好妈妈来教。这样不是各有所长吗？这样一来，这个小孩就得到适当的辅导，那么我们就比较放心了。这些分工也可以互换，比如家里爸爸比较擅长理财，那他就说："将来你有钱怎么支配我来告诉你。"可以。他也比较有信心，谁强就从这方面来发挥，那么大家可以互补。

让小孩尝试犯错误，这是对的，可是大前提是让他在安全的环境之下，你可以放手让他去尝试错误，如果根本就不安全，他尝试错误之后命都没有了，你怎么办？所以前提要搞清楚。

我们讲扮演角色，其实子女有子女的角色，父母有父母的角色。我们最后来谈一下子女的角色，子女的角色就是：我既然生长在这个家庭当中，那我学习的对象当然是以父母为优先，爸爸怎么样我来学，我会不会完全学他由我自己决定，我从妈妈那里学到一些，从他们两个人的互动里面我学到了一些。因此，对教养小孩最要紧的，我们要鼓励他有问题要问，这很重要。所以小孩一提问我们不能骂他。我们的错误就是觉得小孩问得烦得很，小孩一提问就说怎么又问？那就完了。

在父母教导的时候，并不能否定孩子提问，只能否定他洋洋洒洒讲一大堆理论，话不能讲太多。孩子忙的时候，我们可以等等再谈，鼓励他发问，这样就很好了。不过鼓励发问现在比较普遍一点，像我们那个年代最好不要问，你用看就好了。现在我们是比较喜欢说，你有问题提出来，不要存在疑惑，因为以前我们有比较长久的时间相处，现在我们跟他相处的时间缩短了很多。

第四章　父母与孩子的关系应该是什么样的

很多做父母的不止一次地想过，等孩子到了某个阶段，自己就大概不用操心了。但到时候你又发现，他遇到了新的问题需要你来帮助。只要孩子与你的血缘关系存在，你永远都有烦恼，永远都有难题。其实，从另一个角度看，也永远有乐趣。

上天恩赐

为什么不能把子女完全推给他人教养

爸爸经常应该扮演什么样的角色？妈妈又经常应该扮演什么样的角色？在扮演角色当中，是不是也有原则性？这是很多人都想知道的问题。我们首先要指出来，这是一种责任感，不是父母好为人师，上天既然把子女托付给我们，我们就不能辜负上天的好意，我们就要尽心尽力地把子女教养好，这是我们的责任，无关乎恩惠。很多人说父母对子女没有恩惠，这点儿我是赞成的，可是不是没有恩惠就不管了，这就不对了。

现在的人在两性交往中，糊里糊涂地生了孩子。在这种还没有准备好的情况之下，他不会觉得这是老天爷给他的，会觉得这可能是老天爷在找他麻烦。不过我觉得科学、医学越来越发达以后，这种情况会大量地减少，因为他如果觉得不喜欢的话，他有太多的方法可以避免，甚至把孩子打掉都可以。但是既然生下来了，就应该好好地教育。为什么生育那么痛苦？如果生育是很喜悦的，一天可以生3个娃，你就不会珍惜你的子女了。上天说你要怀孕10个月，而且生产过程中不但危险而且痛苦，这就表示子女得来不易，你要好好珍惜。我们常常讲自己的生日就是妈妈的母难日，这样一来，母子很自然地就有着特别的感情，特别的感情就代表特别的责任。

我们回想一下，为什么以前做父母的很感谢老师？要孩子谢谢老师。现在有些人就认为，我交了学费，你应该把他教好，我不骂你、不打你都算好的，我还要谢谢你吗？以前的人不是这样想的，以前的人认为教养子女是自己的责任，那么自己没有能力，老师帮我教，我当然谢谢他。所以把父母跟子女分开来看，那就是谁跟谁都没有关系。我们以前是合起来看，因为这是血脉关系，子女的好坏会直接影响到父母，比如我们说这个人教养不好，就是在骂他的父母了。当一个小孩出来，大家都很喜欢他的时候，父母就有光彩了，那么在这种情况之下，父母会觉得我的子女教得好，这是老师帮我的忙，所以我要感谢他。现在不是，现在很多人都说是我小孩聪明，学得好，很多东西都是一念之差。老师如果有什么病痛或者请假的话，有时候家长都会急了。那我们想想看，在很早以前，没有老师这个角色的时候，那时候父母都要教孩子。有人说以前的时候要花钱到私塾去上课。但是在还没有私塾的时候，那就自己要教的。**可见教育，就是从家庭教育开始的。**

我们现在过分依赖学校教育，这不太对。家庭教育的意思就是说父母要扮演老师的角色，所以我们才会讲人师。无论如何父母都是人师，你要做榜样给他看，你不是讲道理，然后自己不管。老师有时候讲完他就走了，或者寒暑假他出国去玩了，那我们没有办法。我们又不能说老师你不要走，可是父母就不一样，**第一方面是跟子女感情比较浓厚，第二方面是与子女相处时间比较长，第三方面是子女可以直接赖父母。**

你看《秋决》这个电影，主人公在秋天被判死刑的时候，他说："我要见我妈妈一面。"然后在见到了妈妈的时候，他跟妈妈讲："我还要吃一口奶。"然后就把妈妈的奶头咬断了，说："你没有好好教我，我才会这样的。"这个故事就告诉我们："子女有成就不一定会感谢父母，但是他有罪恶就会怪父母了，我觉得做父母的要有这种心理准备比较好。"

这是人性的一部分，好处我们常常忘记了，坏处总是记得牢牢的，所以喜剧看完了，一笑就忘了，悲剧反而记得比较长久，这是人性。这给我们的启示就是加强父母的责任，如果孩子有成就感谢父母，有坏处他自己承担，父母就很轻松，那还有什么责任感？人性其实就是天意，他被塑造成这样的特性，那么你们彼此互动就要按照天理来，要么不要做人家父母。既然要做人家父母，你就要承担这个责任，你没有办法推卸，因为法律上不许你把一个小孩开除掉。说什么断绝关系也是假的，不可以的，他会一辈子跟着你。为什么法律不让你把小孩处死？甚至于让他改姓，或者赶到美国去？不可以，你既然做了他的父母，那就要负他一辈子的责任。因此，我们就要觉悟，就是说要趁早教好，因为越大越难教。

老天爷又给人类一个秉性，就是说孩子3岁到6岁的时候，他是最容易教的，而且教得最有效，这同时也是用来保护父母的，这段时间你好好教他，将来他就算碰到坏老师，怎么乱教也没有太大影响，我觉得这是很巧妙的安排。人家说孩子3岁之前，你如果教好的话，他就定了终生，他那个底子就打好了。底子打好，就是碰到坏老师，他自己也会反省，会觉得我怎么运气那么不好，我自己要加倍用功，这样的话，那个坏老师反而是个“好角色”。可是很多家长都认为3岁到6岁的孩子还小，哪听得懂，让他玩。童年是只有一个，但是要教。我觉得教也有相当道理，所谓相当道理就是这个时候你如果马上教他背四书五经那太严重了，你马上叫他做工程数学那也太过分了，但是这个时候，我们要养成他的好习惯，要培养他的一些生活技能，要给他一个基本观念，比如说别人的东西他不能拿，否则的话他根本没有这种观念，他长大后会认为拿隔壁阿姨的东西就和拿妈妈的东西一样。因此，父母就要觉悟，孩子在3岁到6岁这段时间，我们怎么样来扮演好老师的角色，把子女教好。这个时候我们就谈到分工了。

为什么说单亲家庭不太好？因为无法分工。单亲家庭如果是男的带小孩，他带出来的小孩都比较阳刚，对他的发展不利。单亲的家庭如果是妈妈带的话，那又太阴柔了，将来男孩没有男子气概。有些人就会觉得这个人很奇怪，怎么娘娘腔呢？为什么说父母父母，就是他有阴有阳，子女某一部分像爸爸，某一部分像妈妈，这样就是刚柔并济，就可以发展出很均衡的一个人格。如果说是父母都教育的话，子女将来长大之后，也不会差太多。我们要认识到，我们这个时候多花一点心思，一辈子都很舒服，现在一马虎，以后一辈子痛苦，而且会越来越痛苦，光擦屁股都擦不完。你把这个账算一算的话，你觉得这个时候多花点心力是好的。

这样说起来，很多家长都非常担心，认为孩子在3岁到6岁自己就没有扮演好老师的角色，所以现在孩子在青春期，甚至连结了婚之后都还要靠我这个妈，靠我这个爸，有没有什么办法可以让孩子早点觉悟？这需要补救教育，补救教育通常要多花好几倍的心力，有的时候反而还不见得有效。父母如果觉悟到自己以前亏欠了子女，这时候就应抱着一种补救的心态，就应该要更加忍耐，准备更长时间跟他磨合，这样一来还是可以有成效的。这个磨还是要有智慧的磨。所以我们有一句话说“浪子回头金不换”，就是讲这个，小孩子很坏，一旦他回头来的话，他可能比那种从来没有坏过的小孩更出色。所以做父母的千万不能对自己的子女灰心，说管他呢，反正没指望了。不能。有时候讲给别人听是可以的，别人问你，你可以说我也不管了，反正随便讲讲，真正讲给自己听那是很大的罪恶。

亲子关系

亲子关系最要紧的是心中有彼此

很多父母以为等孩子到了上大学的年龄，或者说当完兵回来，就没有责任了。然而过去若没有做好，现在要补救，等于又要把过去的心力用回来，或者说可能要再花加倍的时间。因此很多父母会觉得做父母真累，想知道难道一辈子都这么累吗？所以才会讲彼此欠债，搞不清楚是谁欠谁的。我相信很多父母，也想过小孩到了某一个阶段自己大概没有事了，其实到时候你发现又有新的问题。只要血缘关系存在，就永远有烦恼，永远有难题，其实从另外一个角度看，永远有乐趣。如果父母说，好了，到此我们契约终止。合约结束就没有乐趣了，关心一辈子才叫关心，如果说只关心你这一小时，那就是利害关系。利害关系，内心的感觉不是很温暖的，这是有差别的。

比如你把小孩叫来，跟他说："你今天18岁了，你有投票权了，你很了不起了，从此你吃自己做的饭。"小孩听了以后会有什么感想？就感觉你以前那些都是假的对不对？小孩到了30岁，到了40岁，他假如失业了，父母说没关系，回家来，多一双筷子而已，这才是人间的温情。不是宠坏他，而是给他一股无比大的支撑的力量，这是安全感。

我们就必须要从小孩开始，分工从各方面教他，所以我们才会谈到说你要教他什么，他要教他什么，这个角色是不固定的。假如一个家庭里妈妈是警察，爸爸是国文老师，那么我们很自然会想到，妈妈来教这个孩子一些防身术会比较好。你说不行，这是爸爸的职责。爸爸说我背两首诗给你听好了，他没有办法。我们这种角色是可以变换的，不是固定的。妈妈比较合适的就让妈妈去充当老师的角色，爸爸比较擅长的就让爸爸去教导。所以大致上做父亲的就要做子女的保安员，你要教他自卫，同时你要从旁负责他的安全。包括女孩子也是一样，哪里说女孩子让妈妈保护，儿子让爸爸保护？妈妈力量本来就比较小，保护女儿两个一起被欺负，岂不是更惨？所以要教儿子保护女生。有时候弟弟出去之后要保护姐姐，因为你是男生，那男的就比较倒霉，他就很奇怪。那你要告诉他，我们不是性别歧视，而是各有所长。我觉得很多道理是讲得通的，只要跟小孩讲，让他清楚以后，他就不会有男大女小这些想法。这并不是压抑不同的性别，而是利用性别优势。他本身生理上、能力上有什么特长，就让他发挥出来，男女天生就有点儿区别。

妈妈比较细心，医药卫生方面妈妈都是比较内行的，她知道这些东西放在什么地方，是怎么一个用法，而爸爸有时候家里万金油放哪里，他找了半天都找不到。有时候爸爸会把碘酒当红药水用，小孩子就受不了了。妈妈会把棉花棒用得恰到好处，爸爸哪会？他们都是直接抹上去。有时候妈妈问爸爸和男孩洗手了没有，爸爸和男孩会说洗了洗了，其实哪里洗了，很粗心大意。

看到孩子们自己会消毒，刚开始的时候父母会害怕，后来觉得他们可以自己承担，就会觉得很开心，因为他们自己已经学会了怎么去面对受伤。你从小就教会他这种技能的话，他一辈子都受用无穷，你从来不教他，他永远都学不会。我们常常说小孩笨，其实不是笨不笨的问题，他有没有学到才是关键。所以我就反对父母笑自己的子女笨，其实就是笑他自己，要么笑自己遗传不好，要么笑他后天教养不好。其实我觉得保健员还有另外一个意义很重要，大部分的家庭里面，母亲做家务比较多，比如烹调，特别是现在我们对营养很讲究，所以这个部分对我们的健康绝对有关键的影响。

以前多半是父亲去就业，养活一家人。所以父亲对社会上的动态、职业的需求比较了解，所以就让他当职业顾问。可是现在不一定，现在父母都在外面，那怎么办？我觉得两个人不要互推，比如说男的是仓库管理员，女的是职业咨询师，那当然让女的去。我所说的互推指的是推荐，不是推卸。推荐得恰到好处，就是说推给最合理的人，这个角色你扮演合理，那就拜托你来做，你做得好我很感谢你，**父母的分工不一定是固定的，因为每一个家庭不一样**。有的家庭男的比较了解社会动态，有的相反女的比较了解。比较了解的那一方就把社会上职业的需求进行分类，分析给小孩听，还要把职业产生的病痛讲出来。久了一定有职业病，这很难避免的，你告诉他做这个要想办法避免，他就知道了。如果做老师的话小心你的喉咙会发炎。而且还有很多不是生理上的职业病。

比如说老师当久了以后，讲话口气越来越武断，好像他什么都懂，俨然越来越像“大师”一样，这是很不好的现象。这个我有立场讲，因为我也是老师，要是别人讲是批评老师。我很不像孔子，我有自知之明，就是一个人你真的要自己去避免，否则的话人家不好意思讲你，你真的越来越不晓得自己在干什么，这是很糟糕的。你看那个卖棺材的人看到人，老是从头看到尾，看人家的尺寸，看上去没有礼貌，但他没有什么坏意，他就是习惯了，他习惯量一量。还有做衣服的，老是看人家的布料，还去摸一摸、扯一扯，甚至动不动就用两个手围着你的腰，这些都是不必要的。

一般来讲，家庭里面的经济大权多半还是在妈妈手中，我不反对这样，因为这样家庭闹分离的机会会大量减少，其实我们中国人有很多的道理，他是不讲出来而已，一分析起来才发现我们的设计其实都很周到。再说爸爸多半社会关系比较复杂，如果让他口袋里面装钱，他就会东掏一点儿，西掏一点儿，经常掏光光了。那妈妈比较好拒绝：“我这是买菜的钱，你不能动。”她比较能找借口。那爸爸可能几个朋友一下拿光光，回来一点儿办法没有。所以我不反对经济大权让妈妈掌握，这样妈妈的经验就多一点儿，比如怎么理财，怎么分配家用，放在什么地方比较安全，这个妈妈要教导给子女，宝贵的经验要传授。而且要告诉女儿，将来你要管钱，甚至让她实习一下。

其实我是觉得不必很明显地说教。比如母亲在替爸爸整理衣服的时候，可以叫女儿帮忙，这时候不必告诉她你在干什么，她慢慢会了解到，我觉得这样反而很好，然后她会问你："为什么你要这样做？"你说："因为爸爸太累了，回来就睡着了，衣服摆这里，我总是要把它理一理，那第二天要洗之前，总是要收一收，说不定就搜出口红什么的。"像这些顺便讲就好了，不必利用这个开课。如果她将来在丈夫的口袋里面看到口红，她就知道了。像这类其实是随机教育，最自然，而且没有说什么存心的，小孩才会去体会那个用意。另外我们感觉到，通常来讲爸爸对运动比较有兴趣，而且技能比较好一点，当然他责无旁贷，要带小孩慢跑，还有教他怎么样去观看运动比赛。我们带他观看并不是说要培养他，而是让他试试看自己有没有兴趣，我觉得这点儿很重要。千万不要勉强子女做你喜欢的事情，要鼓励子女做他喜欢的事情，所以在某种程度上，"只要我喜欢，有什么不可以"这句话是成立的。

鼓励孩子运动综合起来就是三点：**第一个，很正当的；第二个，不扰乱别人的；第三个，适合他的年龄的**。孩子不可能6岁之前就说我对举重很有兴趣，这个太早了。我们鼓励他从事他喜欢的，适合的运动，他才会持之以恒，他才不会说："我这是为爸爸来运动的。"否则过一阵子他就完全没有兴趣了。而且一个人他会的运动有限。所以如果你要孩子只学你自己会的运动，还不如让他多开开眼界。说不定你也跟着学，你又多一个技能。有些人说："我儿子一直吵着说，爸爸还不会换气，我们就一起去学游泳。"那么这个时候我们发现，子女有时候也可以做父母的老师。最起码能唤起我们童年的一些甜蜜回忆，我们以前忘记的，现在回忆一下也很美。

不过我倒发现有一种现象，就是父母年轻的时候没有玩过的玩具，他就拼命买回来给子女，比如她自己没玩过洋娃娃，就拼命买洋娃娃，要子女玩，来补偿自己童年的缺憾，这个是过分的。这是不必要的，所以很多事情还是那四个字，即“适可而止”，做到差不多就好了。我想这都是很有趣的心理，因为反过来也有一些父母说，自己小时候没有做过的就不准孩子做。

还有整洁方面，多半母亲比较讲究。因为她在家时间比较长，客人来了，一看家里乱糟糟的，总会有意无意看女主人一眼，好像在讲女主人不爱干净一样。因此首先是她比较爱好整洁，其次她还觉得这是她的责任。其实也没有明文规定，她就是隐隐约约地总觉得裤子要放好，衣服要放好，领带要挂起来，书包应该放好，她总是比较会注意这个。我觉得这是好事情，让孩子从小养成物有定位、保持整洁的习惯，大家都省事。这是非常好的习惯，妈妈在这方面要多尽点心，甚至于讲爸爸几句，爸爸也不能说你怎么讲我？爸爸先带头服从。因为在整洁班里面，爸爸也是学生。这样子女就不会说你光要求小孩，然后他慢慢就觉得：小孩要整洁，大人不需要，自己长大也不需要。那就糟糕了。

不要小看孩子的幼小心灵，其实他是很敏感的，有很多子女他会想出太多太多父母没有教他的东西，举一反三，所以我们要很小心做这些事情。我前一阵子看到一句很有趣的话，说**孩子都是看着父母长大的**。本来我们都是倒着讲的，父母看着孩子长大，可是事实上孩子就是看着父母才慢慢学习长大的，整个模样都是从父母那里学来的。

亲子原则

为什么父母一开始不能当孩子的朋友

“做之亲，做之师，做之友。”你做之亲，做之师以后，你才有资格做子女的朋友，不是一开始就当子女的朋友，一开始当他的朋友那还得了。然后我们又想到，交朋友这种事情多半是男性的经验比较丰富。

假如妈妈一天到晚在饭桌上夸耀自己多会交朋友，以前怎么样怎么样的话，女儿将来就糟糕了。你看有些妈妈也许有好几个朋友，但她多半不讲的，她讲这个干什么？爸爸有时候有几分醉意就说有十几个朋友，他是乱扯的，明明两三个，他却说十几个，我觉得这是人之常情，你把他看得轻松一点，不要很严肃地对待这些事情，子女反而会有更开阔的心胸。就是说你不做坏事，朋友多一点没有不好的，有什么不好？朋友越多越好是指对好朋友而言，朋友越多越倒霉是对坏朋友而言，这些都让子女慢慢清楚以后，他就非常安全了。如果对孩子说：“不能，你只能跟谁一起玩，别人都不行。”这个不好。什么朋友都交交看，最后他会去选择跟他比较接近的朋友。真的要鼓励小孩多交朋友，但是要告诉他不要一下子就很亲密，就好像天天要连接在一起，那没必要。

有人说，很多父亲比较忙，跟孩子比较少谈这方面的事情，结果反而是他在社会上交到很多朋友的社交的经验没有机会传给孩子，特别是女儿。女儿很多心事只告诉妈妈，这岂不是就少了学习的机会了？这句话说得很对，今天很多青少年基本上不懂得交朋友，他以为跟投篮一样，进就进，不进就跑掉了，这是交朋友不是投篮。他一定要有一个程序，比如说刚开始绝对不要一对一，我们五六个一起比较安全，然后三两个，真的比较有把握的时候才一对一，那有什么问题呢？现在很多人都没有这样的想法，一下子就单挑，然后一下子就上当，又不敢讲，不知道怎么讲。问题都出来了，父母在这些方面应该教孩子，这没有什么不能教。可是你如果从小就给他限定，让他只能跟表妹玩，那你就养成他只能单挑的性格，他不习惯跟三个人同时相处，他只习惯跟一个人对话，不能适应群体生活了，这就很糟糕。所以有时候我们要和另外几家人把小孩带到一个沙滩上，让他们去玩，介绍他多认识几个孩子，让他慢慢有群体生活，这种经验非常重要。交友按照那个程序，循序渐进其实是安全的，现在很多人都是太不讲究方法，太不讲究程序，所以造成很多恶果，然后来埋怨，这是不好的现象。所以为什么成人要学习就是这个道理，今天讲成人学习和终身学习也是这个道理，要学习与他人相处。

以前没有子女的时候我们不会很热衷去修这些课程，人家讲什么我们总觉得很遥远，会说你们这些做父母的才记得这些事情，关我什么事？我觉得这很自然的，也很合理。可是一旦生小孩你就开始要想，我们本身也要补救，我们**人是要修身的，修来修去修了好多漏洞**。去补一补，不就好了吗？是随时可以补的。

曾经有个人跟我讲过一段话。那个人说他儿子突然跟他讲了一句话。他儿子说：“爸爸，你是不是做了爸爸之后才开始学做爸爸的？像那个广告讲的一样。”那个人说是。他儿子说：“那我怎么办？”那个人说：“你还没有到那个阶段，不用担心。”我说：“像你们这样就是非常好的对话，人在没有到那个阶段的时候，不懂得关心，也不留心，他不在意，他觉得这个跟他无关，大部分人是这样的。”所以现在也只是给他打打桩而已，将来他自己再慢慢发展。基础好很快就发展了，而且不会歪歪斜斜，基础不好，以后你就算碰到很好的老师也很难。

以今天的观点来讲，我们主张大家共同来处理家事。可是处理家事并不是说，洗碗你洗一个我洗一个；扫地你扫一半我扫一半；擦窗子你擦两个我擦两个。不是这样的。或者说擦窗子你去擦，扫地我来扫；或者说擦窗子、扫地我包了，那么洗衣服、煮饭你包了。这样比较好，对不对？那么教养子女也是一样的，比如擦窗子跟爸爸学，要烹调当然跟妈妈学。可是爸爸煮得好的话跟爸爸学也没关系。子女会学父母比较擅长的东西，这是我们今天谈的一个总原则。有人说，现在的家庭主妇如果跟婆婆住在一起，婆婆会说男人进什么厨房，因为以前有人说“君子远庖厨”，所以自己的儿子不能进厨房，如果是这样的话怎么办？其实这种情形现在越来越少，因为现在的婆婆也开始成长，她慢慢觉得我讲这个话，好像我儿子脸色也不太好看，他会为难，那我何必呢？我爱我的儿子，我不要让他为难，虽然我是为他好，但他无法领情。我觉得大环境在教导每一个人，它慢慢地会松绑，松绑的意思不是说完全不管，而是让它有更大的弹性，以前合理的范围比较小，现在合理范围越来越扩大，每一个人要动脑筋去拿捏。

举个例子，比如一个小家庭在外面住，如果是先生的父母来拜访住到这里，那应该怎么办？那太太就要特地起早一点照顾全家，对不对？哪怕平常起得很晚，最起码掩饰一点儿；如果是太太家人来了，那先生就要勤快一点。其实这完全是态度，不是做表面，也不是欺骗。不然对方的父母会觉得，连我们在这里你都这样，可见平常更糟糕。对方的家人有他的偏向，我们把他拉回来一点，那么就得到中间的这个合理度。有人说，不能他们来了我就改变，我就是平常的样子，看你把我怎么样。这种态度不对，我们应该尊敬对方，如果用这种观念来看就对了。所以真的是要很用心，很尊敬，这都是正向的思考。所以我常常觉得，夫妻双方首先忌讳的就是在对方的家人面前批评对方，这是不对的，你平常再怎么样都可以，只要他的家人在场，你一句他的坏话都不能讲，这不是欺骗，而是尊重。既然是他的家人，有的时候会偏向他，那我们这边就要多做一点把它弥补回来，要不然怎么叫亲疏有别。这样的话对方也比较能体谅你，说我的面子你也顾到了，以后我也顾你面子，多做一点无所谓。太太也不能没有感觉，如果说公婆来了，太太睡到中午12点，那做丈夫的真是不知道怎么好，然后婆婆马上就说："早就叫你不要娶这个老婆。"旧账统统翻出来，连附和都不必了。

我举个极端的例子，父母在骂媳妇儿的时候，儿子一句话都不能讲，他可以回到房间安慰媳妇，"老人家也许有误会，我会慢慢地来解释，现在不要谈"。你看婆媳关系处不好，儿子要负很大责任，儿子不会做中间的桥梁。只要儿子一开口说"她没有错，妈妈，是你搞错了"，这就完了，妈妈认为养你这么久，你一夜之间就让一个人把整个心意改变了，然后就认为媳妇儿很可恶。她不会觉得儿子可恶，反而认为媳妇儿更可恶。其实这些都是一点点小事情，但会引起轩然大波，一定要小心。其实这也是人之常情，如果这时候儿子明明知道是误会，不能讲就不讲，事后再讲。婆婆会讲"我知道了，我那天骂过以后，我就知道了。"她知道了，可是你就不能讲。你一讲他就认为你很偏心，你怎么这样子，你胳膊向外弯，我养你这么大干吗呢？然后她就觉得以前的心血白费了。你用很有意思的眼光去看，你会觉得人生乐趣就在这里，不然在哪里？还有一种，就是如果祖父母骂孙子孙女，那爸爸妈妈也不可以当场解释，其实背着骂是给子女面子，当面骂就是刮儿子的胡子。所以如果你说了，就好像帮自己在辩解了。

我们也常常会听到，祖父母当着自己儿子的面不骂孙子，当媳妇在的时候骂孙子会骂得特别凶，意思就是要刮媳妇儿的"胡子"了。然而这是尊重的"刮胡子"，不是难堪地刮，如果直接跟孙子骂媳妇儿就是给难堪了。比如他直接跟孙子讲："我替你可怜，我没有看到过这样的妈妈。"那才是真正的难堪。尊重的"刮胡子"其实还讲得比较婉转，就是说你听得懂就好了。这个时候不管对不对，其实都不要辩解，越辩越糟，越描越黑。过后他慢慢会感觉到：我骂得这么难听，她居然没有反应，也许是我骂错了吧！人是这样，你越顶他，他越觉得自己骂得对你才这么紧张。如果他骂错了，你紧张什么呢？我觉得有道理。

有人说，应该是什么样的表情才刚好叫作没有反应？要不要带着笑容呢？所谓没有反应，就是你这个时候最好去做点儿别的事情，好像没听到一样。比如说你去洗碗，把这个气氛冲淡一下，更勇敢一点，就是倒杯茶给骂的人喝，让他消消气，你消他的气是对自己好。但是有人就是忍不下这口气："我还给你倒茶？你在骂我，我没有听懂吗？我火气也是很大的，你来消我的气还差不多，我消你的气？不必了。"这个时候如果有人能够倒茶，那才是高明，因为赌气两败俱伤。

爱在心间

父母最应该教给孩子的东西是什么

其实父母在学业课程方面也是各有所长，甚至两个人都没有长处的也有，你说现在的人有谁还能做鸡兔同笼的题？我们成年人总觉得把鸡跟兔关在一起，你看它有几只就好了，看不出来的话，把它们抓出来慢慢数，但是以前老师就是要我们算，很奇怪，好像老师没有眼睛一样。但如果父母都不会那怎么办？这个时候就要请家教。我们要礼待家教老师，因为你是代替我教的，我总是给你倒杯茶，给你一个比较舒适的椅子坐。如果认为在小学阶段请家教多此一举，那是不是可以从培养孩子良好的读书习惯来努力呢？

这是一个非常好的办法，不见得说每一个家庭都要请家教，我觉得不请家教有不请家教的好处。小孩长大以后，他有一份骄傲：我没有请过家教，我就这样子考上大学的。他很骄傲，他常常会跟人讲，你们以前补习，我好像没有。马上就高人一等。

家教到底能把小孩教成什么样我们也不知道，他有时候就是跟孩子七扯八扯，你也不知道他干什么。父母只要看到小孩按时做作业，字又写得很端正，课本都整理得很有条理，大概他的学习成绩不会差到哪里去。就算小的时候差一点儿也无所谓，那个时候不是以考试成绩为主的，那时候比较要紧的是孩子是不是拿起书本就愁眉苦脸，做作业做到最后都是哭着收场。铅笔扯断，然后涂得一塌糊涂，你就知道糟糕了，这个时候你就要找别人来教导他，因为你自己教导他的时候，他会不服气，这时候就要换个人来教，易者而教。如果他的书包很整齐，每天按时上下学，神情又很愉快，我觉得就够了，至于他考60分或是70分，我觉得这个时候完全没有关系，因为这时候可以不在乎分数。你说小学考第一名的有几个将来会有大出息，你去统计一下，我看很少。因为他太早得第一名，也许他反而骄傲了。

你看很多人都说，我以前读书一半是红字，现在也很有出息。因为这样，他才知道要努力，而且一个人长期在困境里会磨炼出更坚强的意志力，所以读书有挫折不要担心。这样一来我们就可以知道，父母在家里头不能过分地放纵自己，轻松一点儿是可以的，家庭生活本来应该轻松，但不能放纵。我忘记了我的角色，就叫放纵。一下子把自己恢复到童年，跟小孩玩在一起，这就是放纵。因为他看到他的小孩以后，他以为自己也变成了小孩，两个人扯上去，好像一下变兄弟了。这不对。父母心里头要清楚：我的责任未了，有个小孩在看我，我可以这样吗？对不对？比如以前爱打赤膊，无所谓，有了小孩之后就开始注意了。你可以嘴巴讲一讲：“今天特别热，那我打赤膊也不可以。”就是告诉小孩，不是任何人随时都可以打赤膊的，这样一来的话小孩就受益无穷，他就不会到街上去打赤膊。

如果你心目当中有子女存在的话，你自然会去扮演自己的角色。有太多人心目当中完全没有子女的存在，甚至认为这是累赘，他们会说：“你干吗跟着我呢？”有这样的心态你怎么可能做好父母？不太可能。有的父母逢人就说：“这个孩子是多余的，本来不想生的。”如果你一直跟小孩算这个账的话，小孩心里想：我是多余的，哪个才是正规的呢？等他到青少年阶段的时候他就想不开了，那他到了成年以后，他也会说他的孩子是多余的。父母有很多话就是不尊重自己的子女，那我们这里要特别讲一句，**不尊重自己的子女根本上就是不尊重自己，**因为他是你生的，他是你们爱情的结晶，你根本一点儿不尊重自己，基本态度是这样，你绝对有不生子女的权利，可是你生了，你就有不可逃避的责任。终其一生，不可逃避。

我们常讲，自作自受。有人说，如果这些话给还没有结婚的人听他们肯定要好好考虑考虑了，这样反而救了他们。现在就是因为很多人把婚姻当作儿戏了，所以遭遇了很多的痛苦。其实你很小心去看，这是个很美的事情。在家里面每一个人都有血缘关系，只有夫妻没有血缘关系，但是没有血缘关系的两个人竟然敢同床共枕，与你无血缘关系的人就在你旁边，你怎么能够不谨慎呢？你只要谨慎这一点，后面的事情都会比较谨慎，那一生都是自己受益。其实就这么一个观念而已，不要把恋爱、婚姻、家庭当作扮家家酒，他是一个人一生中非常重大的事情，而且你要只打算做一次，不要说没关系的，试试看，多个经验。有很多人抱这个心态，而且还告诉你第一次没有成功的，你何必自我暗示到这个地步呢？你可以说我宁可谨慎一点，我不要吃亏，有什么坏处？没有坏处。我们最喜欢抱怨的就是说："我很谨慎，但是碰到一个不负责任的人。"那个最倒霉的。可是物以类聚，是你不能做到真的谨慎，才碰到不负责任的人。

有人说，我们在初中、高中去考试，那个年纪其实还不懂得怎么去填志愿，同样，一对男女在二十多岁的时候，他们就要为一辈子去选择，从此就要付出，那万一选错了怎么办？那是不是告诉大家要晚婚？还是说个人智慧不同，最主要是要谨慎学习呢？我觉得我们今天谈到交友的教导，其实就是亲子关系当中很重要的一环。如果你从小就教他，他有了女朋友就会告诉你，她有了男朋友也会把对方描述给你听，那妈妈跟爸爸商量以后，就知道对方怎么样，妈妈就可以辅导子女了。让老师管这些事情，实在要求太多，因为老师很忙。而且照顾不了那么多，父母应该在这方面多扮演一些角色。

父母在扮演角色的时候，要考虑到整体的利益，而不是自己的，要顾及到家庭共同的利益，这个家庭共同利益也就是我们常常说的为大局着想，实际上也要考虑到整个社会。因为家庭是社会的细胞，我们替小孩选择志愿，要选择他长大以后那个时候环境需要的，所以要有前瞻性，而不是说，爸爸喜欢学物理，这辈子没有机会学习物理，孩子一定要给我考物理系，那就完全没有意义了，对不对？那是逞一己之快，那没有意思。

第五章　父母怎么教养孩子最有效

有时候我们过分期待孩子，说你要怎么样怎么样，我觉得没有这个必要，我们应该欣赏他每一个过程中的可爱，然后帮助他，辅导他进步，我们要用欣赏的眼光，关心的态度对待他、陪他长大。

端正心态

教养子女，父母应抱持什么样的心态

我们看到很多人真的是一表人才、相貌堂堂、秀丽端庄，可是为什么做的事情、说的话，往往跟他的表情、跟他的态度、跟他这个人总是好像不搭边。什么时候开始，我们才能真正地去面对自己，说自己该说的话，这是不是真的要从家庭教育做起？

有句话讲得非常对，一个人长得好，而且头脑灵光，其实更应该小心。因为他有更多的机会，更好的条件去做坏事，我觉得这是老天给我们很好的一个警惕，所以为什么说父母不能嫌子女丑，丑有时候反而比较安全，有一阵子就流行说一个人的脸长得很像“国”字。可是话讲回来，我们也不能说丑就让他丑到底，我们还是要尽量地帮助他走上比较让人家喜欢的路上去，这就是父母的功能。就好像写文章一样，如果把文章写出来，我们很少会嫌弃它，认为文章还是自己的好。

子女是自己生的，我们没有理由嫌弃。有时候我们听到某些人说：“我这小孩长得好丑。”我们不好意思当面说，是你把他生成这样子的。父母嫌弃子女，就会让人家怀疑子女好像不是他亲生的，就是这个道理。父母不能嫌弃子女，因为没有权利。父母对子女只能够关心，不能审视，不能检查，也不能讨厌。不能说，你鼻子怎么长歪了？为什么你的耳朵这个特别突出，很“反骨”的样子？父母不应该对孩子做出审视的样子，我们对别的小孩会审视，我想这就是亲生跟不是亲生的一个区别。对别的小孩，会觉得这个小孩可爱的话，我就多跟他讲几句话，不可爱我就懒得理他，为什么不可以呢？可是父母对子女就没有这个权利。“好歹是你生的吧”这句话我们讲得很熟了，好也罢，歹也罢，这都是你生的，这一辈子你的责任都脱不了，那你还嫌弃什么呢？

我们要觉悟的是老天爷不希望每一个人都一模一样，**如果世界上每一个人都一模一样的话，这个世界会毁灭的**。这就是我们为什么反对克隆人，你克隆几十个一模一样的人，你在干什么？这是在制造问题。老天希望每一个人都不同，都有独立的人格，都有各自的特色，所以就是兄弟姐妹彼此也不相同。

那怎么了解孩子在成长过程当中的一些情况？首先我们应该了解人生是阶段性的发展，这个是我们做父母的心里头最清楚的一点，你不能要求6岁的小孩跟9岁的小孩一模一样，如果一样的话并不是好事情。比如一个小孩就跟老头子一样讲话，那就表示小孩子有问题。

一般正常的人，每一个阶段他有独特的样子跟成熟度，所以有时候我们过分期待我们的子女，说你要怎么样怎么样，我觉得没有这个必要。我们应该欣赏他每一个过程的可爱，然后来帮助他，辅导他成长，我们要用欣赏的眼光、关心的态度去辅导他、帮助他。

正常并不是一个模式，是一个范围。比如说有些人的小孩一生下来就有6个手指头，那怎么办呢？不管三七二十一就嫌弃他，这个小孩就很可怜。他是无辜的，他一生出来就这个样子。我们也不能着急，我们先以欣赏的态度看待他，其实看法一改变，你整个心情就不一样了，然后去请教医生这个有没有关系。如果没有关系的话我们再等一段时间再看看。医生说可以把它割掉。那就看看情况，如果觉得合适的话那就割掉。这个没关系，没有割掉以前，我也不抱怨，也不嫌弃他；割掉以后，我也不会因为这样就加倍地爱护他，就觉得他好像一下子变成王子或者是仙女一样了，也没有，这样的心情才是很正常的。这种稳定的心情，孩子可以感受到，否则他会很自卑，**孩子不太在乎别人的感受，但是他很在乎父母的感受**。

他会想：连父母都不爱我了，那世界上还有谁爱我呢？我还有什么存在的意义呢？

做父母的本身一定要情绪稳定，我觉得父母情绪稳定，家庭教育就已经成功了一大半，是不是？经常是父母骂小孩闹，其实就是父母把家里闹得不成样。父母沉不住气。他认为我是成年人，我爱怎么样就可以怎么样。其实是不对的，一个尊重小孩的人，就是说小孩来了以后，把自由跟小孩分享，而不是说我是大人，我有自由，小孩没有自由，基本上不是这样。如果心态是这样的话，我们就会把小孩当作家庭的一分子来看待，给他应有的自由、应有的权利、应有的尊重，那我们的心情自然会平静一点，这是观念问题。如果你说这是我的家，小孩是无意闯进来的，那又不一样了，那就麻烦了。你应该说："你是我怀胎10个月生下来的，我们对你欢迎都来不及，怎么会嫌弃你呢？"这样一来我们就会比较平静地去观察他，带着欣赏的眼光看待他，但不是放任，认为小孩长什么样都可以，那不对，那就好像生下一个小孩，让他自生自灭，那也是很可恶的，所以关心跟放任中间我们要采取一个平衡点。

关心不是管制，管制跟放任才是两极。关心就是我不管制他，也不放任他，我只是把他当作家庭的一分子，我的骨肉，我来帮助他在成长过程当中能够朝向正常的方向走。

关心跟管制是不一样的，管制相对的是放任。所以这点大家要厘清一下。有很多的父母，他把关心就当作是管制，认为我为什么要管你？我关心你才管你，要不然我管你干什么。我为什么不管隔壁的阿猫？这个观念不正确，首先要明白一个道理，老天爷把不完美的子女委托给我，就表示老天爷对我有这份信心，我不能对不起老天爷。一个人对不起老天爷基本上就是对不起自己，把这些观念搞对了以后自然心平气和。

为什么人家生的小孩都那么漂亮，我家小孩就这么丑？这也许是老天爷另外的一种用意，对不对？这个人资质很好，老天爷怕他被人家诱拐，或者是被引诱去做坏事情，所以故意给他一个丑陋的面貌来保护他。孔子也不是美男子，孔子如果从小长得很帅，说不定他就发展不成大师孔子了。所以天底下的事情有一利必有一弊，我奉劝各位父母，如果你的小孩长得又俊秀又聪明，你就越要小心，因为这种小孩变坏的可能性更大，为什么我们说红颜多薄命？并不是诅咒她们，而是一个女孩子长得美的话，外界的引诱就相当多，人家会来干扰她，使她分心，而且使她感觉到：我不必读书也可以活得很好，我还要努力干什么呢？我钱用不完，而且我要赚钱很容易。糟糕了，这就麻烦了。因为这样，她本身可能就失去了跟环境的良好互动，或者是失去想要上进的这样一种动力，这反而使自己不能正常化。

所以做父母的，看到小孩长得很好，资质又好，就知道责任更重了，老天把这么好的子女委托给你，就表示对你有更高的信心，你的责任就更大。有人说，我看到孩子长得很好，资质优秀，才艺丰富，可是孩子却觉得有压力，想要离家出走，这是怎么回事呢？是父母不了解孩子的生长情形吗？真的是这样子。比如说父母一天到晚夸他，“我这小孩你知道吗？成绩非常优秀。”夸的这个小孩没有办法安于现实，因为你已经夸到那么高了，那他怎么办？他就觉得他压力很大。父母不断地夸赞小孩，尤其在别人面前的话，其实会增加小孩压力，不是给他信心。相反，在人前不要赞美他，私底下告诉他：“你已经很好了，可是还是会更好，但是你不要急，你慢慢地去走，因为人生还很遥远。”要用这种方式，他就没有什么压力。如果这个小孩样样都不行，你又在人前嫌他，他的压力也很大。我们常常觉得没有关系，小孩懂什么，小孩别的不懂，这方面他很懂。所以在别人面前过分地称赞或者是打击孩子都不对。因为那是你的小孩，别人没有关系，可是他有感觉。

暗示教育

如何不伤和气地教导孩子

父母应该觉悟，如果尊重子女的话，就没有权利在别人面前随便讲子女的任何事情。比如在广播界有很多人老是举他儿子的例子，说他儿子现在就很火，但是很倒霉。其实有时候我说我们的孩子并不指我家的孩子，我们没有权利讲我的小孩怎么样，甚至还指名道姓地说他叫什么，现在在哪里读书，他跟他老师吵架。我们没有理由把他讲出来，这是不尊重子女的一个表现。

你宁可用原则性来举例，也不要特别针对谁来讲。因为他会受不了，即便你说他太好，周遭人也会给他很大的压力。你讲别人他听听，他自己会反省，他就学到了，所以父母要讲事情、讲通案，不要讲个案。你一讲通案，他自己会去反省到他的个案方面，他就没有什么压力。还有些父母更妙，常说“我的小孩这么好，我还用管他吗？”还有的母亲会讲“我都请教他，他比我还行呢。”那这个老天爷一定会很生气的，早知道不把这么好的小孩给你了。**一个资质好的人还是需要有人教导的，**对不对？再好的宝玉没有人去开采，去琢磨的话，也根本不可能变稀世珍宝的。一块玉拿出来要去切割、要去磨，在这个过程中，这块玉如果它有感觉的话它是会痛的，可是你把它磨成一块宝玉之后，它的价值跟原来完全是不能够比的。

一个小孩遇到什么样的父母，这是他先天的幸与不幸，因为他没有选择。父母没有选择子女的权利，子女照样没有选择父母的权利，所以我们把他叫作缘——血缘，既然是血缘就叫一家人。胡雪岩的母亲就讲过，“不是一家人你进不了一家门。”那进了一家门你就没有把他当外人的道理，你非得接受他，他是一个哑巴你也要接受他，他是个瘸子你也要接受他。身体有缺陷还是一样的一家人。我们要以平常心来看待他，尽量帮助他，绝不嫌弃他。

小孩每一个阶段都在变化，小孩成长过程最大的特点就是他不断地变化。有些父母看到孩子的变化就说，“我最近发现我女儿那种小孩子的胖肚子不见了。”这是好事情，表示她已经开始有小女生的身材，她是这样子了，不能说你就放心了。小孩还在变化，下一步她就可能变坏了，很多父母常常不敢相信，就是因为没有注意到他整个变化过程。我们往往看到前面的99步，没有想到第100步就可能踏错了，摔到悬崖底下了，后面没有照顾到，好可惜。我觉得这也是老天爷告诉父母，你要全程陪着。

子女也是要陪着父母，你不一定要住在一起的，今天我们的观念不会说父母跟子女一定要住在一起，但是精神上要陪着，精神是可无限延伸的，**心目当中有父母，你就是终身陪着父母**。父母心目当中有子女，子女距离再远，你都要照顾到他。你打电话关心一下他，比如你说：“你那个老毛病有没有发？”你问都不问的话，小孩就感觉到你把他的病都忘记了，你还关心他什么呢？现在很多人是这样，一打电话，怕电话费太贵，就问：“你钱够不够用？”够了。够了就挂了。后面就没有话了，那这算什么？那你干脆划拨到银行去，到时候他去拿就算了，何必那么麻烦？还打个电话。小孩时时刻刻都在变化，不是变好就是变坏。千万注意，他不会停滞在那里，**人心不是变好就是变坏，大人也是一样的**。你看一个好好的人，突然间坏到某个地步，一个很坏的人，突然间变得很仁慈，都有可能。就是因为这样，一家人才要常常聊天，常常观察，去看一看，但是不是检查。

观察不是检查。父母该不该去看子女的日记？像这种事情就很有争议。小孩子笔记放在桌上，做父母的说我绝对不看，这种态度对吗？不见得对。说我一定要看，这种态度好像也不对。没事翻一下，大致了解一下，但是看完不能马上发火，马上发火就成检查。小孩就认为你在检查我，你怀疑我，所以你检查我，你在抓我的缺点，你本来就“不安好心”，孩子会有这样的想法。一个成年人应该有这种涵养，就是看了以后，不要打草惊蛇，装作若无其事，然后很自然地旁敲侧击，从别的地方来暗示他，那小孩就没有事了。这才是我们观察他、了解他、关心他的一种表现。如果说我们看到他写的某个计划是非法的，或者是离家的这种计划，眼看这个事情马上就要发生，那事情已经紧急了，可是又不能立刻发火，那要怎么处理呢？

首先不要讲出来，一讲出来会更僵化，但是我们要防范。比如他有出走的计划，那我们这两天就分批地老远看着他，防止他出走，可是不能拆穿他。你拆穿他，他就认为，你们老早怀疑我了，可见我这个计划是正当的，连你们都想我应该这样。比如你跟着他到了火车站的时候，你就说：“你怎么来这儿了？要喝茶啊？”这个时候要表现得是让孩子觉得你是在关心他，而不是对他有所怀疑。

曾经有两个小孩离家出走，幸好找到了，否则又是很伤脑筋的事情。父母如果看到孩子有这种倾向，不要刺激他，要用“包围”的方式暗中了解他，等他情绪稍微平稳了，这个时候再开导他。开导也不要正面的，就是父母聊天说，哪家的小孩出走了，结果上当了或是怎么样了，把这个讲给他听，他听了以后他就知道，他可能会遭遇到什么状况，可是我们又始终把这个放在心里头，把它当成一个秘密。他也觉得，幸好我没有被发觉，那我改变就好了。让他很自然地改变，不要让他说“我是承受父母的恩惠，所以才有今天的好处”，不要让他有这种感觉。

我觉得有些父母常常要营造出对子女有恩惠的氛围，常常说，“要不是我教你，你有今天吗？要不是我照顾你，你能这样吗？要不是我牺牲陪着你玩琴，你能有今天的成就吗？”很多人是这样的，我们要不要做是我们的事情，跟小孩是无关的，你越是无心，小孩越是感觉到不好意思。

我们希望孩子能够感恩，可是不能够老是跟他提恩惠。那怎么让他能够感恩呢？感恩是自发的。如果是被迫说你今天要谢谢妈妈，这个不好，它就变成形式化了，孩子内心一点儿没有感觉了。好！你要他谢谢，他就谢谢，但是他心里头没有那种温暖的感觉，以后他一定不会来关心你。

生长的情形，这方面是心理的，另外生理的部分也很重要。有的妈妈，她的小孩怀孕了她都不知道，那她在了解小孩什么？是不是有点儿过分？小孩怀孕了，那做母亲的怎么会知道呢？这种话我们听起来总觉得怪怪的。孩子生理的变动做父母的也应该去关心，怎么这小孩走路老这样扭在一起，可见她的体形已经变了，是不是有什么地方受伤了？小孩不知道，我们带她去看医生，而不是一路骂她，我发现很多父母都是一路骂她，“你看，你不爱护身体吧！”一个人未婚先孕，血淋淋的教训已经得到了，已经够不幸的了，真的用不着我们再提醒。

如果她还没有得到教训的话，就表示父母讲再多也没有用。可是很多父母看到孩子未婚先孕了，就说：“你不要再瞎混，别再未婚先孕了吧！”结果孩子更伤害自己的身体。我们在陪她去看医生的时候要安慰她，“人们说没有关系，但是没有关系并不代表他一点儿痕迹都没有，你将来看看有没有痕迹，没有痕迹最好，有痕迹就是给你一个记号，告诉你下次不要这样。”你只有这样跟她讲了，小孩才不会恐惧，也不会说反正就这样了，就自暴自弃了。了不起就这样，还能怎么样？你还能骂得比这更凶吗？那小孩就没什么好怕的了，当各种都尝试过以后，小孩的心理年龄就超负荷了。

鼓励教育

所有的教养方式其实只有这四个字

我们必须要认识到，人一定要靠经验才能理解一些东西、做好一些事情。这点非常重要，我们所有的方法其实只有四个字，叫作尝试错误，所有的方法都是从尝试错误开始，可是尝试错误有一个先决条件，就是要安全。

在安全范围之内我们尽量鼓励小孩去尝试错误，你不让他尝试，他永远没这方面的能力，他的成长就很不正常，搬桌子你就看着他，让他搬，如果一直叫他不要搬，他哪天一搬桌子，就会被桌子弄伤，因为他没有经验。过马路也是，不要牵着他、抱着他、不让他尝试，当然你不能在车子很多的地方让他尝试，那根本就是违反安全的先决条件。在没有人的时候，父母两个人照顾着，让小孩走一段马路，他才知道，原来马路是这样子的，我将来在怎么样的状况下可以走，哪种状况不能走，他就知道了。

子女迟早要独立的。我们是为他独立而准备，而不是说你就跟我就好了，那他一辈子长不大。你的小孩为什么腿力比人家差？我们不是嫌弃，我们在比较，是跟一般的数据来比，看他正常不正常，而不是说你比人家好，或者比人家坏，不是这种心态。我们常常说人比人气死人，并不代表人不能跟人比，**人还是要跟人比，看到人家比我好的，我跟他学习，这也是比出来的结果**。如果比别人好的你就很骄傲，比不上别人的你就很泄气，这个态度就不对。

其实我们还是要比，比如别人小孩到5岁时长这么高，我的小孩5岁为什么没有这么高？我就应提高警觉。但是我不能嫌弃他，我还是要接受他，可是我要想办法看看能不能帮助他长高一点儿，这就对了。差一点儿都不行的。如果觉得孩子高就高，不高就不高，这没有什么了不起，这就是父母没有尽责任。

比如叫孩子吃饭，孩子不吃也不行。你给他定个标准，但是标准过分了也不行，比如让他的个头往200厘米迈进，这就很过分。**放任不对，管制也不对，应该关心他**。关心的意思就是说你不要干扰他，你不要去给他增加困扰，可是你要从旁看他喜欢吃什么，吃的东西对他长高有没有帮助。如果有，那么你就多准备一点。也不要说他吃了才会长高，不要跟他讲这个。我们所做的只是说帮助他是应该的，你以这种心态的话小孩比较容易接受，而往往我们越想让小孩吃什么他越不想吃。说难听点就是，你这个地方给他难堪，他在别的地方就给你难堪。这是很微妙的。不要看小孩小，有很多事情他还蛮懂的，有些事情不懂是真的，但是有很多感受他反而懂。这是属于感觉的部分，跟父母亲互动的还是很敏感的。

知识的部分孩子不会遗传。知识都是后天学习的，可是智慧他会。你看小孩都是属于智慧面的，他的反应，跟知识没有什么关系。他看到火反而不会怕，可是烫到一次他就永远怕了，这是后天学习的。他觉得爸爸这样看他，是对他表示关心，而那样看他是嫌弃他，他都知道，这是先天的。不用学他都知道。有没有人把小孩叫来说：“你3岁了，你要学看我的脸色？”没有这样的。孩子8个月以后他就非常清楚了。

你看小小的婴儿，躺在床上，抱在怀里，看到和善的脸孔他就会比较开心；看到那个生气的、板着脸孔的，他就会难过、会害怕。其实你抱他的时候他就感觉到了，你一抱他，手是很僵硬的，他就知道你大概不情愿抱他，或者就是不会抱他，对不对？所以抱小孩也不简单，抱小孩有爱心跟没有爱心去抱，小孩马上能感觉出来。小孩最敏感。小孩的生理方面，其实我觉得比较容易，因为医生会告诉我们，生理的变化比较小，个别差异比较小。但是小孩心理的个别差异比较大。所以我们在小孩的心理方面不能推卸责任，因为已经有很好的资讯可以让你去参考，你再不注意的话那就糟糕了。

比如说小孩子的腿长得弯弯的，其实就是父母没有注意造成的，小孩的头扁扁的，也是父母没有注意造成的，那么这部分我们就应该多花一点时间，才是尽责任。父母的能力也是有限制的，有很多你不懂的，那没有办法，懂的去做，就心安理得了。尤其是小女孩，那个腿弯了以后，长大以后就不太好看。这个其实也是可以改变的。如果父母发现小孩这样了，那你就用布把他绑着，你看很多父母老去绑小孩的腿。绑一阵子他就矫正过来了，可是绑他的时候你的心情是怎么样的，就会影响到小孩。你可以告诉他："没有关系，腿歪了也很好看，不过直的更好看。"他就会接受。他就会慢慢合作，他就很乖，他就不觉得痛苦，所以那个心意很重要。我们在观察、在了解。在辅助的过程当中，如果心中充满了正面的力量，就是今天所讲的爱心，就好了。

不过我倒不喜欢把爱心用得太广泛，今天到处都讲爱心。我觉得肉麻死了。爱心是对自己的不是对人家的，比如我是出于这样的，只有我自己清楚，那你的感觉怎么样，我尊重你的感觉，这个人才是真有爱心。如果说我对你这么好，你都没感觉出来，这有什么爱心呢？很多事情对自己跟对别人真的要区分一下，爱心是讲给自己听的，少去跟别人讲什么爱心。我们对小孩应该从内心充满这样一种感觉：这是我的事情，我也没有必要一定要传达给你，如果说一定要传给你，那就变成形式上的交换了。

其实这很容易理解，就是说我是出于我的内心来照顾你，我没有要你报答，也没有说做不好就打你，或者是你做得好我就有功劳，都没有，我只是在做我应该做的。因为有太多我不知道的、我没有办法做的，我已经感觉很愧疚了，所以就把我已经知道的好好做。你抱着这种心情就好了，小孩会感受到，他会比较合作，比较容易接受你的辅导，这不是很愉快吗？

我曾经看过一个妈妈，她对婴儿不断地啼哭不胜其扰，当时她又正怀着第二胎，所以她忍不住就把这个小孩给痛打了一顿。另外一个妈妈也觉得孩子很吵，可是她还是很耐心地跟他说话、安慰他。我想孩子哭大概就是肚子饿了，拉了尿了等等这些问题，问题能够解决，他一定就会安静，可是前面这个孩子被打，他哭得更厉害，他没办法把心定下来，他没感受到母亲的心意，他就没办法平静下来。所以我觉得，孩子绝对是能感受得到父母的好意跟恶意的。这个感受是一定有的，其实他就靠这个生存，不然他怎么生存呢？

孩子会成长为一个比较有人性的人，就是从感受这些东西开始，所以我们真的不需要去顾虑太多。可是该顾虑的我们也要把他当作责任去承担，这样就好了。小孩其实不会有太多要求的。比如你放一个摇篮在那里，他如果很安逸，他就自己在那里运动了，对不对？他如果有什么不舒服的地方就会发出一种信号。我也不太赞成西方人说孩子哭了就检查尿布，发现没有湿。再看看他是不是饿了，发现也不饿。最后再看看他有没有发热，发现还是没有，那就让他哭一下。这样还是有点检查员的味道，表示自己检查完了，没事。这像护理人员，不像父母。我比较赞成把孩子抱起来，有人说你抱会抱成习惯的，我的意思就是说习惯了又怎么样，你一辈子能抱几个小孩？说真的，是这样的，你将来要抱他，他都不让你抱了。为什么一定要说小孩不能抱，这个我是不赞成的。

我觉得好奇怪，为什么我们生了他，又规定我们什么时候才能抱他。我想可能因为以前的父母养育的孩子多，挨个抱太累，所以说不要抱成习惯，然后也让年轻人不要常常这么辛苦去抱孩子，或许有这个好意在里面。其实对于孩子，我们能够抱的时间也就几年而已。老实讲，抱有很多好处，只是成年人不方便抱而已，抱就表示两个人不会有仇恨，有仇恨会抱在一起吗？不会。抱真的会抱出感情来，你跟小孩抱一抱，他就感觉到很安全，知道有人在照顾他。那他就很快乐，这有什么不好？当然了，你说从晚上抱到天亮，把人抱的情绪不好，这就是过分了，也该让小孩单独地睡觉，如果实在吵得太厉害，自己不了解原因可以问问医生，这样就好了。

在教养孩子方面我们常常会听学者、专家的一些指导，或者我们自己会阅读相关的书籍，大家最好阅读有意义的书。因为每个人读书的时间是有限的。要选就要选好书。你看现在新书一出几百种，某个类型的甚至几千种都有。不像以前，以前有以前的好处，印刷术不方便，大家都是一笔一画写出来的，所以都很珍惜，也不敢乱写。现在一本书很快就印出来了，或者有人是好意，可是他太急了，他看到书中的某一点就觉得非常有道理，恨不得赶快让全世界的人都知道，他就尽量去推销，他是出于好意，但是他没有想到，他所传播的只是其中的一种看法。经不起考验的，有太多这样的情况。

所以我认为老师最要紧的就是指导人家看哪一本书，而不是讲东西，对不对？比如你是做这一行的，你把现在出版的图书都好好看一下，然后你给一个比较客观的评估，然后你告诉人家，他目前这种情形应去看哪本书，这是老师最大的功能，因为你不能记那么多的人，你也不是样样都懂的人，但是你最起码帮人家去找书。可是我们一般人，我们真的要小心，你碰错了老师，你活该被他整死。原本他是无心的，有一个人专门写书害人，专门传播不适的言论，老师又很狂热，这么好的东西你们怎么不知道？这不是很糟糕吗？我有这个使命，这是上天给我的使命，我们要去传播。很多老师多半是出于这种狂热，但是我们也知道，他是无心害人，可是还是害人。所以中国人会讲一句话“尽信书不如无书”。到今天这个反而更加重要，我们常讲货比三家，不然你多请教几个人，为什么他们讲得不一样？到底是怎么道理？然后自己想一想，子女毕竟是自己的，不是别人的。别人事不关己，不关心没有错，因为后果他不必负，而我们还要接受这个后果，所以要很谨慎，这是对自己好，当然对小孩更好。另一个原因是一般学者、专家讲的是通案，他们是根据平均数据得出来的。但是这跟你的小孩可能刚好不一样。那你怎么办？所以我们做父母的还要加上一些个别差异，我们要根据小孩的实际状况做一些调整，不行赶快再问问别人，多找几个人商量总没有错，可是不要当小孩面商量这些事情。要背着他，再小的孩子也有尊严。

隐私教育

怎么告诉小孩家丑不可外扬

有些家长因为对于现在教育多元化有一些想法，所以很担心把孩子送到刚开始实验的学校，不晓得这个对于他们的成长有什么样的影响。我的回答是：如果家庭教育的基础打得很稳，学校教育我们不必太担心。我是觉得现在很多人把重点都放在学校教育，这是不太对的，学前阶段才是真正打基础的时候，如果家教基础很好，无论送到哪个学校去都没有太大的问题。现在之所以不好，就是因为家教太松弛了，经不起学校稍微一点改变，这个其实是我们应该反省的。

学校一般只关心孩子们有什么大的差异，然后加以辅导就可以了。今天寄望学校做这个实验，做那个实验，实际上是一种冒险。教育实验这个东西，如果没有十几二十年下来根本不知道它是对的错的。因为真的是十年二十年以后才会看到那个结果。何必把我们的小孩拿去做实验品呢？有很多父母也是出于爱心，他们一直跟我讲：“现行的体制绝不可取，我宁可让我小孩去读没有学籍的学校，教育部不承认、大家不承认，都没有关系，只要是为我小孩好。”我就反问他们：“你怎么那么有信心？你怎么就知道这个一定好呢？你只是根据你的看法而已，是不是？那么多人都看不准，你一个人就能够看得很准吗？”这是值得怀疑的。

在孩子的成长过程中，父母的认知很重要。我们常常讲小孩在15岁以前，基本上没有太大的自主性，我觉得这部分才是真正的命运，他跟了什么样的父母他没有选择的，你把他教成什么样子他就是什么样子，他还能自我做主吗？真的不能。如果父母想到这一点的话，他就觉得他的责任很神圣。所以这15年要战战兢兢，要告诉自己，孩子既然来了，我就陪他走这一段。我们用陪他走的心态。父母也不一定全对，可是我们尽心了，因为我们没有百分之百的把握，所以不敢完全勉强你。相反的，有些事情我们有把握的话就要适度地坚持，把它们分开就好了，不是说全面坚持，也不是完全谨慎，那是对客人，对不对？比如一个客人问你："这个茶好不好喝？"你说："我也不知道，不过我觉得不好喝，也许别人觉得好喝。"这种话只能跟客人说，不能跟小孩讲，你要告诉小孩的是："这个不要吃，因为吃了没有好处的。"可是你对客人讲这个话，客人就觉得你太武断了。

我们再来提醒一下大家，有把握应该怎么做。有几分把握做几分坚持，坚持到差不多就放手，如果完全不坚持就等于没有责任感。有很多人说我陪小孩走，小孩要走东边我就跟他走东边，小孩要走西边我就跟他走西边，那小孩喜欢跳到池塘去你还跟着跳下去吗？这样就不对了。可是他们既然是你的子女，就表示跟你有缘，他们这辈子就是要跟定你，那让他们盲目地顺从你，这个也不对，这是个人崇拜，比如在家里关起门来我最大，这个太容易做了，这个没有好处的，不要试。有这种情况的父母应好好反省一下。

家是需要温暖的，要让孩子感觉到我们是可以商量的。要让孩子知道在家里做什么都不需要像在外面那样谨慎，孩子才敢把他的真实心情流露出来。家里为什么要装个门？就是说在门外的我们是一种态度，在门内的我们给孩子的是不同的态度。而家里面的房间还要装有门，这就是说，有些事我们是要在房间里面说的，在房间外面是不能讲的。比如，在房间外面讲弟弟，哥哥听了就没有面子了。在房间里我们什么都可以谈，出了房间就不谈了，你要信守这个承诺，如果你出门之后到处跟人家讲，就触犯到他的隐私了，以后他就没有信心了。

可是现在有很多父母本末倒置，就是跟外面人都很好，觉得外面人都能够体谅他们，一回到家之后就认为没有人体谅他们，就搞不好家庭关系。他们这是角色扮演混淆了，一个人把外人当家人，其实人家背地都会笑他，尽管不会当面跟他讲。他回家后把家人当作敌人就不对了，宁可在家里出丑，也不要在外面出丑。现在有些人是宁可在外面出丑，在家里面也要面子，认为给同学打无所谓，就是不能让弟弟看不起；同事看不起我无所谓，就是不能让太太看不起。这些观念完全是错误的，父母有时候在家里出出丑，一家人无所谓，也让小孩知道，原来大人也会出丑的，其实这也是一种机会教育。所以这是观念问题。观念一调整就好了。

在外面再怎么演小丑、开玩笑，毕竟大家知道的有限，而家人共同生活在一起，关系紧密，很多隐私彼此都知道，所以有些人担心说，我在家里做得一些不好的事情，一些家人特别是兄弟姐妹不知道轻重，会不会出去到处跟人讲？应该怎么告诉孩子家丑不可外扬呢？家丑不可外扬，这种话从小就要告诉他，当然不是讲道理，而是通过父母彼此讲的话教小孩，他会听得很清楚，比如先生跟太太讲，我们家里的事情不要对外人讲，甚至不要对你的爸爸妈妈讲，虽然你们是一家人，但是我们这个小家庭还是要受尊重的，你该讲到什么地步你讲就好了。虽然你是讲给太太听，但是小孩就懂了，那太太也可以跟先生讲，你在你办公室不能提小孩的事情，用这种方式来教导小孩，而不是说给他上课，跟他讲道理。

所以从父母的交谈中，孩子就了解到父母对很多事情的态度跟观念。我们在外面没有权利讲家里头任何其他人的事情，比如不要跟人家讲“我爸爸胃溃疡，你不要看他在外面精神好，一回家跟死人一样”，你讲这个干什么？子女没有这个权利，父母也一样，也不要对外人说“你不要看我的小孩当客人面很有礼貌，背后吵得要死”，你是出卖自己人。你这样说出来好像是为了赢得别人的关心或认同，其实适得其反。

父母在教养子女的时候，要让孩子了解到我们这个家到底是一个什么样的家。一个家最要紧的是“风气”这两个字。家风其实就是风气，比如说父母是不是相敬如宾，小孩一看就知道。将来他对他的另一半其实跟这个会很相像。我们常常讲你要追求一个女朋友之前，你去看看她妈妈，你要交一个男朋友之前，你去看看他的爸爸，他们都是很相像的，孩子就是通过模仿学习的，所以你不必教太多。你对自己的太太，当着小孩面你要把她当作是一个客人一样，规规矩矩地，有什么气要忍住，那么你关起门来可以骂她：“你怎么可以这样子呢？”人不能说憋到完全没有脾气，那有点儿虚伪。可是当着小孩面你不尊重对方就是也不尊重小孩。你把门关了，两个人怎么吵都无所谓，然后，好，到此为止，讲不完你们明天再讲，因为马上要做饭了，你不能吵到连饭都没得吃。讲完之后，出去和若无其事一样，小孩也慢慢会学，他要跟哥哥吵，也会把门关起来，两个人吵，出去就没事了，这不是很好吗？如果家庭的隔音效果没那么好也没关系，我们知道他们在吵。态度比较重要，这是风气的问题。

比如说钱怎么处理，我觉得这个非常重要，很多父母把钱放在桌子上，回来一掏就放在那儿，小孩一看现成的他就拿了。他刚开始没有“偷”这种观念，父母看到就说：“你偷我钱。”这是完全不对的。你一开始就要有一个规划，没有小孩以前，你们两个自由程度比较大一点，小孩一进来就开始要讲了，钱怎么处理，东西怎么处理，人际关系怎么处理，慢慢把小孩带起来，家风就出来了。有客人在当然要规矩一点，这也不是做假，是不是？这是应该的。有什么事情等客人走了以后再讲，有什么关系呢？你如果把这个当作虚伪的话，那我觉得人前背后完全一样，不符合我们的伦理观念。

家庭不能透明化。我们自己家人是透明的，可是对外人的时候，事实上我们应该要有分寸。你看大同世界是外户不闭，内户还是要闭的，搞得连内户都不闭是很麻烦的。比如大人在换衣服，小孩就不能进来，不能说无所谓，怎么会无所谓呢？孩子是看着父母亲成长的。这点非常重要，父母是他模仿的对象，我们要做他的榜样，而且要做好榜样。这其实是对自己好。有了小孩以后，自己更警惕，更像个样子，为什么不呢？以后就省得还要再啰里啰唆的。打好基础，以后他会有很好地发展。

第六章　这些原则是父母必须要掌握的

我们现在抓到一个重点，就是说爱的教育跟打骂教育的区别，是以孩子心目中的感受作为标准。我们要教他有正常的感受，而不能放任他自己爱怎么想就怎么想，这个就是教育。

交互交付

培养子女独立要坚持什么原则

我们本节要跟大家谈的这个问题其实非常丰富，其实在这样的一个题目里面，我想把它定位为如何采取适当的管教方法，那么在这样的一个主题当中，我们怎么样来管教子女，而管教子女有什么原则要遵守？

就算子女长大了，父母还是要管教他，不能说他大了，独立了，你就不管了。这不是中国人的想法，而是我们的管教采取不同的方式而已。只要父母活着，对子女就有无限的责任感，所以我们常常把中国人的家庭叫作“无限公司”，他的责任是无限的，你看父母一直要等到眼睛闭上才放心，只要眼睛张开了，就会常常惦念着子女。就算子女已经到五六十岁了，在父母眼中，他们还是小孩子，只不过在不同的阶段，我们采取不同的管教原则、不同的管教方法，只有这点儿不同而已。所以这个不同也就让我们很幸福地可以永远当孩子。我们常常说要回忆童年，那你现在就扮演一下儿童，何必去回忆呢？你看老来子，因为人老了以后，往往很孤单、很寂寞，更想回忆以前的事情。那么他就扮演一下五六岁的孩子，就无形地使父母更加年轻，以前甜美的回忆又回来了，种种的不愉快，一下子忘光了，那不是很好吗？做父母的，将来也要让我们的孩子有一些甜美的回忆。

现在很多父母都抱怨说小孩长大了以后，就不跟自己在一起生活，父母很失落。很多人这样讲。从某个角度来看，中国人最会过生活，但是这要靠彼此的互动。我们首先要谈一个观念就是个人主义，我们要承认，我们对西方的个人主义真的不够了解，而且很有成见，这一点儿我们自己要承认。一般人他一听到个人主义，马上就想起自私自利。其实不见得是这样，如果外国人都是自私自利，那他的国家也不会强盛，他们也不可能存到现在。但是有些人会先入为主这样认为，这不对。但是话讲回来，就算我们真的弄清楚了西方的个人主义，我觉得中国人还是没有办法走上他们那条路，因为整个社会生态不一样，对不对？

在美国的话，土地很宽广，看望邻居，需要开车一两个小时，无法守望相助。当然了，很多人去美国观光，只是到大都市，大都市不能代表美国。全世界大都市都是一样的，都有很罪恶的人，都有很多疯子。真正要代表美国的，就是它中西部很广大的地区，很保守又很传统的中西部，但是那里的人很稀少。你到了纽约天天见那么多人，看得都厌倦了，所以到中西部有时候很喜悦，对不对？而中西部人没有办法，人少地方广，只好用铁丝网把自己的家园围起来，然后买一支枪，远远看到有人进来，就说："你给我停下，你是谁？说清楚，不然你靠近，我就开枪了。"他很自然会发展出个人主义。

我们在中国台湾怎么做得到？在中国大陆怎么做得到？就算中国很大，但是人更多，我们人口密度大，我们的人口数是全世界第一位。所以我们常常说中外不要去比，你看看热闹可以，欣赏欣赏可以，你无从比起。地大人稀有地大人稀的生活方式，我们有我们自己的生活方式。你学不来。你看美国小孩一生下来父母就单独给他睡一个房间，我们做得到吗？做不到。就算你很有钱，你房子真的那么大，你不忍心，也不习惯小孩孤零零的。万一碰到老鼠把他咬了怎么办？你说没有老鼠，中国人就不太相信，什么时候要蹦出一只老鼠来他也不知道。

所以我们才有万一跟一万的问题，父母就会很自然地把小孩搂在身边，我们会搞出很多外国人不理解，但是我们觉得很自然的事情，我觉得我们应该先把这点儿搞清楚。我们也不太希望子女太过依赖父母，我相信中国人也没有说子女依赖父母一辈子会很荣耀。可是他太独立，独立到心目当中没有父母存在的时候，我们就觉得好像没有子女，不可以，我想问题就在这里。

对于培养子女独立的问题，我们中国人其实要用阴阳哲学来解释，就是**依赖到相当独立，独立到有一点依赖**，这样的话我们就很清楚了。凡是外国人听不懂的，我们都很清楚，外国人说独立就是不能依赖，依赖就是没有办法独立。我们不是。我们是你要独立，但是你要相当程度地依赖父母，父母才觉得合理。小孩长大了，不需要父母了，父母就会很生气地说："你翅膀硬了，你不要我了，你试试看。"是不是这样？我们的心里头很清楚。可是他到了三十几岁还不能独立，你就会觉得这小孩怎么办？怎么会这样子？再有钱的父母也希望子女能够独立。可是独立到脱离，那我们就觉得太过分了。我想问题就在这里。西方人分得很清楚，中国人分得不清楚，那么我们才叫作交互交付主义，分中有合，合中有分，独立到很多事情还是要尊重父母。我们年纪再大，只要碰到大事情，还是会尊重一下父母。

举个例子，儿子要结婚，要不要向祖父报告一下？当然要。打个电话给祖父说："你孙子已经在纽约结婚了。"那祖父就会说："我哪里有这样的孙子，我没有这个孙子，他结婚跟我有什么关系？通知我吗？"美国人可以先结婚再告知家人，中国人没人敢第一次带女朋友回家，就跟自己的祖父母说要结婚了。做父母的一定会打电话骂儿子，对不对？祖父不会直接去骂孙子，但是父母可以骂。所以只要看心目当中有没有对方的存在，就非常清楚中国人之间的关系。所以不管是独立也好，依赖也好，心中最重要的是有对方。心中有对方，再远你也会打个电话跟他聊一聊。今天已经没有什么说联系不上，这种问题已经没有了。从哪里打电话都一样，所以今天更容易做到交付主义，就是**你心中有我，我心中有你，那么天涯若比邻**。不一定像以前那样要到死住在一起，不需要。我觉得今天弹性更大，更容易实施我们的大同思想，那这一切都要从教育子女开始。

所以我们认识到独立跟依赖的分别，最主要的是要看有没有把这个人放在心里面。其实这个真的蛮容易实现的，现代科技也帮了我们很多忙。可是反过来讲，心里面一直有对方，那会不会妨碍他独立？这是很重要的问题。父母如果长期干预，那么就会妨碍他独立，父母如果从老师慢慢变成亦师亦友，最后反而倒过来，老师的比例减少了，朋友的成分增加了，就是说多了一个商量的人，那怎么会有干扰，对不对？所以我们说那个程度、方式在改变，但是不管怎么样，你请教父母，父母总会觉得很温暖。比如我的小孩子如今已经很优秀了，但是他大小事情还是问问我，我就觉得生这个儿子很值得，对不对？可是如果我儿子变得优秀以后，没有一件事情问过我，相反，要我把他当长官一样看待，那我生这种儿子干什么？

重视感受

这样的父母，最容易让子女产生疏离感

在目前教养子女的过程中，有些父母本身对于教养子女的态度也好、责任也好，都不太正确，有点儿想要划清界限的感觉，这就是受到个人主义的影响。这对于我们来说，会导致家庭分离，人与人之间疏离，到了紧要关头你才发现，你养了几个子女，没有一个是真心对你的。

我听到一个人在抱怨，他说有一个很有名的学者，三个小孩都在美国，都很有成就，可是当学者得了癌症以后，他们只是偶尔打电话关心一下，或者匆匆回来看一眼又走了，学者过世了，后事都是跟学者非亲非故的人处理，这算什么？这就是说孩子与学者的心已经距离很远了，虽然有血缘关系，但是心的距离很遥远，这就是个人主义所造成的。你是你，我是我，我心中不一定有你，你心中也未必有我，那这跟隔壁邻居有什么不同？没有不同。有的人会说这是我心里面想的，我没有表现出来，可是对方的感受很重要，心连心才能证明这个心是存在的。没有感受到那跟没有一样。其实我们从磁场的原理来看，他一定是有感受的。人与人的感受是很明显的，说不出来这点儿我们承认，你好到什么程度我说不出来，但是我心里有数，我们常常讲："盲人吃汤圆，你给我几个，多一个少一个我很清楚。"主要是心里有数。

谈到感受问题，我们就要想到，怎么样把感受理性化地分清楚，然后将有感性的部分作为基础，所以这个就牵涉到爱的教育跟打骂教育的问题。我是觉得爱的教育也好，打骂教育也好，都是重在子女心中的感受。他认为你是爱他而打的，就是爱的教育；他认为你把他当出气筒，就是打骂教育。如果对方不能感受到的话，就表示你发的信号有问题，他接到是一个错误的信号，那你应该调整自己，你不能怪他。我们要听这个广播，结果一搜搜到别的地方去了，那是谁的错？所以发信号的人也要负一部分责任。父母不能说我是好意的，我就问心无愧。我们讲将心比心，站在儿童的角度来想想，我怎么样打他，他才会感觉到这是爱他，当打他让他觉得我在把他当出气筒的时候，那我就要休整了。

孩子再小他都有这种感受的能力。比如有的孩子会觉得自己是爸爸的替代品，爸爸不回家，妈妈就打他。这样的话，父母其实可以扮演一种角色来帮助子女化解，比如说爸爸打小孩，妈妈就把小孩叫到另外一个房间去，弄个温毛巾给他擦一擦脸，倒杯茶给他喝，也许他不喝，没有关系。那就问他："你觉得爸爸这样打你是因为什么？"他说："爸爸在外面受气，就打我。"你说："你觉得这样？不过我看好像不是这样，爸爸在我面前一直说你乖，说你好，他只是希望你更好，才会这样做。"小孩刚开始不承认，但是你多讲几次他就会相信。父亲在外面赚钱很辛苦，在外面也受气受累，回到家难免会发发脾气，所以孩子要尊重父母亲有发脾气的权利，只要不过分。他长大以后就知道了，可是那时候父母可能已经过世了，这是人生最大的悲哀。有一天我们体会到父母不易的时候，我们曾经还可以跟他们说自己以前不懂事，现在不能了，你跟谁去讲？何必替自己留下这么一个遗憾。

有时候妈妈在厨房里面搞得很火大的时候，她就甩小孩子一个耳光，那爸爸就要赶快把孩子拉到旁边来说："不是只有你挨耳光，有时候我也挨妈妈的耳光，只是你没有看到，她可能太生气了，控制不了情绪了。你看她平常对你多好。"这让孩子了解到人是有情绪的，这也是一种教育。

这可能会让现代心理学家说，做父母的没有管理好自己的情绪，没有找人开导自己，没有找到适当的处理方法，没有把情绪问题解决好，一生气就把责任推给孩子，让孩子成为出气筒，父母这样的行为是不正确的。可是我的看法是，很多学者会把做父母当作一个模式，一个标准，一个理想。实际上平凡的人很难做到，谁没有七情六欲？谁能够不发脾气？对不对？完人已经把人做完回去了，我们还在这里的人是因为还在修炼当中，能够慢慢改变就不错了。这个意思并不是说父母的修养不重要。父母的修养也很重要。

人跟人之间，彼此心里面要有对方，要多体谅对方一点。再了不起的人偶尔都会发脾气的，这点儿我觉得应该去承受比较好，而不是说要选择一个完全不发脾气的人，这对自己也不好，对方完全不发脾气，有时候自己火气就会越来越大。就是气到你连脾气都发不出来。

我们现在抓到一个重点，就是说爱的教育跟打骂教育的区别，要以孩子心目中的感受作为标准。我们要教他有正常的感受，而不能放任他自己爱怎么想就怎么想，这个就是教育。

举个例子，有一个妈妈问小孩："礼拜天我们要去阳明山，你要不要去？"小孩马上说："我才不要去。"这就是小孩的不对，那爸爸就偷偷把小孩拉到旁边来，说："妈妈问你要不要去阳明山是好意，你怎么可以马上讲不要去？你不要当场讲。"他说："我是不能去，我有很多作业要做。"你说："你有很多作业要做，可以，但是你应该先看妈妈的意思怎么样，如果妈妈坚持要你去你再讲，告诉她那你作业怎么办？妈妈就会说你作业这么多，那你就不要去了，结果你还是不去，可是这个过程就不会惹得妈妈不高兴。妈妈认为你长大了，你讲话的这种口气意思就是说，将来你的事情她少管，妈妈越不管你，你越倒霉，你又没有人照顾。"其实小孩懂得这些道理，只是有时候我们大人反而说不出来。

我们还有一部分人更糟糕，他认为小孩有自主性了，而且应该很坦白，他不去就应该讲不去，这叫作制造冲突，这不叫作直接。制造冲突有什么好处？制造冲突就会惹火父母，惹火父母就会挨打。所以父母从小这样教小孩的话，他很自然会减少很多彼此的压力，不要老去惹火人家，这是很重要的。**修养里面有一个重要内容就是说少去惹火人家**。

其实子女挨打的原因多半是惹父母造成的，可是他还小，所以我们才教导他。现在的孩子都太冲了。你看在餐馆里面经常看到小孩拿着筷子去翻爸爸的碗里面有什么，翻一下看看，看到自己不想吃的就丢下去，爸爸也在那里若无其事，那这算什么爸爸？如果妈妈也好像没有看到一样，彼此根本就是离心离德。意思就是我养这么一个宠物，他像狗一样爱舔我哪里就舔我哪里，我不让他舔我就打他一下，反正他是他，我是我，这不是教养。父亲也许不好讲，因为这是他的碗，好像说出来显得有些舍不得的样子。妈妈就要讲："你怎么可以这样子？你想吃什么用嘴巴讲，用商量的，你怎么可以这样？我也来翻一下你的碗好不好？"他说他懂了，不是一次教会，一次两次三次，他慢慢就会了。

有些父母说："在公共场合当中，公然教训孩子，特别是板着脸孔，并不是很恰当。"那这个时候应由妈妈来出面，告诉他这样做别人的感受是不好的，甚至说如果你这样我也要这样对你，但是并没有真那样做，那这样的方式，就不会在场面上造成冲突。这个的确是很重要的，因为这是很实际的问题，如果我们在像餐馆那样很多人的地方，大声吆喝，给小孩难堪，这当然是不对的。因为小孩自尊心受伤了以后，他要么就是干脆不要脸，无所谓，反正他的自尊心从小被人家伤害，他还怕什么？这种人将来非常糟糕的。要么就是他会反抗，你给他难堪他就给你难堪，他都无所谓，可见我们要避免。

什么叫机会教育？等事过境迁，孩子忘光光了，你再讲这些，他完全不知道你在讲什么。教小孩不一定要板着脸，其实我倒是觉得你如果板着脸有效的话，你根本就不必教了，对不对？你只要脸色不好看，他就会注意，这是最有效的，所以平常要养成子女会去看父母脸色好不好看的习惯，这是很有必要的。这是好事，不是提心吊胆，而是把它当作一个警戒，然后自我调适。

如果爸妈根本不把儿女的坏毛病当一回事。我们再讲一点，假定左右邻桌都在看你孩子在爸爸碗里翻，而你还不教的话，那人家连父母都笑。这家人算什么？还好意思出来吃饭？如果是我就会笑的，我会看不过去，恨不得要帮他教。但是我教人家好像就显得小孩不懂事。所以很多事情是看当时情况来做决定的，不是一成不变，而是因地制宜。

到底应不应该在公开场合大声地教训子女？也许这个时候情绪来了，觉得可以对孩子进行机会教育，认为现在不教他不行，你这个情绪也实在是没办法缓下来，你忍不住声音就大了，脸孔就难看了，这怎么办？这个就不是教育了，这完全是发脾气。父母不能发脾气，要教育。教育怎么能发脾气呢，对不对？一发脾气就是泄愤，那就不是教育了。

父母如果有那个心，说要教小孩，他大概就会有比较平稳的情绪，他就会讲究方法，他就会注重态度。也许会有人问："刚刚您说脸板起来，难道这个不是情绪吗？还是说不一样？"其实不一样，如果是因为自己有情绪而脸上难看，这个其实也不是教育，**教育是你情绪很平稳，但是要传达不满的信息**，所以你就装成脸上不好看，这才是教育。任何父母在公共场合大声骂小孩，人家听起来都是不以为然的。人家都是在等着看你怎么教孩子，并不是看你在这边发脾气。你好好教他，人家会很佩服你。如果你只是在那儿发脾气，人家就觉得你这算什么，你把小孩当什么？

打得其法

打孩子要坚持什么原则

做父母的要学习控制情绪。小孩还小，还需要成长，再说深一点，如果小孩样样都好，父母还有什么价值？如果这样想的话，我们就知道小孩这样是很正常的，你尽你的责任教他，而不是他这样不好，他没有不好，你以前也是这样的。如果父母老想到以前，觉得自己以前比他还调皮，自己挨得打更多，所以孩子也不能少挨打，这就有一个问题。有些时候我们看孩子在那边调皮，如果什么都不管，人家看到了也要批评。那我们在公共场合或者是在私底下对孩子能打骂管教吗？现在的教育就是说不可以打也不可以骂，什么才叫作打？怎么才算是骂？说他两句，或者说给他一点儿身体上的“警告”，算不算是打骂教育？

前一阵子很多人在研究可不可以体罚子女。实际上我觉得这不是中国人应该讨论的问题。中国人从不讨论应不应该打，中国人是讨论怎么打。比如说为什么打？怎么打？用什么方式？打到什么程度？而不是该打不该打。你说完全不打小孩对吗？我相信很多人都会怀疑。你完全不打，那小孩如果真的越来越坏，你怎么办？你说打，那打出毛病来怎么办？可见中国人也不讲打，也不讲不打，我们都讲怎么打？打到恰到好处那你就成功了。父母如果搞到在大庭广众当中吆喝着打，就已经公开宣布管不了他的子女了。这是很丢脸的事情。因为一个小孩，照理说你轻轻跟他讲一下他就会调整，你脸色不好看，他自己就会谨慎。所以管孩要警惕。比如打也没有用，骂也没有用，那就是出丑，就已经是出丑到外面去了。所以怎么打怎么骂，我们应当在家里演练，要演练到有效，你就不必在外面出丑，这也是在孩子很小的时候就要注意的，这是有一套方法的。

如果有些孩子特别不需要打骂的，没有机会演练，好不好？这个我觉得还是要打他一次，我发现小孩从来没有被打过的，基本上有一天他会不受控制，我们讲响鼓不用重锤，不用重锤还是要轻轻敲他一下，一万年不敲，鼓就发不出声音来了。比如鼓为什么被人家敲破？就是因为你声音太低，你那么低那当然用力敲破你，你如果很响的话我轻轻敲就够了。

所谓响鼓就当作是孩子很受教，所以你就不需要用力去打他。但是也要让他有受教的一面。我主张在小孩小的时候，你抓住他比较明显的一个错误，适当地打他两下，让他知道老爸老妈是很疼他的，但是不要惹火他们，这个是让他知道警戒线在哪里。有了警戒线以后，父母才放他自由，这才安全。之所以主张在小孩子还小的时候做这些，是因为他长大以后，你就很难去做这种事情了。你从小不打他，他没有警戒线，然后你开始打他的时候，他觉得很奇怪："以前都不打的，现在为什么打？"他从来没有经历过，突然经历，他就感觉到跟天崩地裂一样受不了。

当然，孩子8个月以前你打他没有用，太小了。差不多一岁以后，不能超过三岁。每个人在这个年纪，多少都被打过屁股。一定会调皮过。其实这样就够了，对不对？但是我们要打得其法，你要让小孩感觉到错的时候打，我们要将心比心，他不知道错，那你打他没有用，他以为你跟他玩，会越来越皮，比如他认为你打他屁股是跟他玩，他还过来打你屁股，他认为这是一种游戏，那就完了。很多大人没事就把孩子叫过来打两下屁股，还捏他鼻子，掐他脸颊。这些都是教坏小孩，让小孩观念混淆，到底是好意还是坏意，他完全不懂。

我们看他知道错了，就把他叫过来，说："你这个错已经犯三次了，不可以再原谅了。"然后打他两下，就算他哭，也是种警戒，过后再问他："被打的滋味怎么样？"他说："疼。"你说："是，我也知道，但是你要记住，你以后不要过分调皮，没有人会打你，你就不疼了。”这对他来讲是一个很好的自我警戒教育，我们就是要帮助他培养自律，帮助他约束自己。

要很慎重地当一回事来打，不是爱怎么打就怎么打；不是我不高兴我就打，我高兴就不打，那基本上错误的。关键是态度，并不是说所谓的好好打，就是狠打他一顿，这是不对的。这是很郑重其事的，让孩子知道他做错了什么，为什么挨打，而且打得恰如其分，不会让他受伤，但是让他会痛，这比较重要。

有些人会有误会，以为说好好地打你一顿，那真的是狠打了一顿。假定爸爸打孩子的话，妈妈要对孩子说：“刚刚爸爸打你很疼吧！”然后帮他吹一下被打的地方，再说：“你看这样就好了，你知道爸爸为什么选择你这个地方打呢？因为这个地方比较不疼，如果他打你别的地方了，你就更糟糕了，可见爸爸不是乱打，他找你最不疼，将来最容易复原的地方打，可见他是警戒你，他不是真的要打你。”小孩就知道了。如果爸爸打得狠了，妈妈能不能出来劝，或者说把孩子拉走？当然，就算夫妻吵也要制止，因为这已经变成了家庭暴力，那怎么可以？而且第一次就要制止。否则的话他越来越狠，我们要“慎始”。

中国人讲“慎始”。一开始就要谨慎。第一次打要把它当一回事，夫妻之间如果哪一个人第一次出手的时候，对方发现这个人怎么这么狠，就要制止。第一次就要制止，不能说傻掉了，或者说第一次不清楚，不好意思。不可以。到底是什么道理等等再说。你这样过分地打就是不对的，这就形成暴力，你再有理也是不对的。

所以我们要非常小心去做这件事情，不是说不高兴就打，不可以的。应该把它当作一种教育的过程来打，心里头又敬又慎，才是好的父母。我绝对不鼓励打骂。而是说把打骂当作一回事，当作教导孩子所谓界限在哪里的一种方式，但是不能够放弃打骂。所以这个是属于管教子女的原则。一个从来没有受过父母打骂的人不见得会很幸福，他长大以后难免会碰到不讲理的人，打他、骂他，他的挫折感就会很重，人生几乎就绝望了，他没有办法去应对这种事情。他就会想："连我爸爸妈妈都不打我，你怎么打我？"这不行，所以我很不赞成有的父母说"谁敢打我的子女，我跟他拼命"这样的话，这不是爱护子女的人。

适当管教

父母管好孩子的三个基本策略

孩子将来在社会上会遇到形形色色的人，也会碰到各种各样的事，所以我们常常讲家庭就是社会小的缩影。与其让他将来在社会上吃亏，不如小时候就让他明白社会的真实面。不要把小孩搞得像温室里的花朵一样，在过度保护中长大，一无所知，将来到外面吃亏上当，一时间就会承受不了，那反而更糟糕。这使我想到预防针理论，想要降低病菌的毒性，就得让一个人先得这个病，治好之后，这个人才会有抵御病菌的能力，让孩子提早明白社会的真实面的道理同打预防针的原理是一样的。

有人说如果在家里还要来社会那一套，那家人有什么意义，有什么价值呢？家庭和社会当然是不同的，但是也要让小孩子知道家人跟社会不同的地方在哪里，你如果完全没有呈现出来，他又会很单纯的，他将来就会把外面的人通通当家人看，那也糟糕透顶。我们还是要让他知道社会上是什么样的，我们家人又是什么样子，然后他慢慢才知道去拿捏这个分寸，现在有一些成年人，老是把外面的朋友当家人，把自己的家人反而不当家人。这都是小时候家庭教育不当造成的。那么，在家庭教育中如何适当管教，以培养一个独立、自信，将来到社会上不吃亏上当的小孩？我们要把几个基本的策略拿出来谈一谈。

第一个就是我们要站在子女的立场上教导，我们常讲一句话叫作“有敌情观念”。一个人随时随地要有“敌情观念”。“敌情观念”的意思是说：我面对的是子女，不是朋友，那子女有他们不同的“敌情”，而不是说把他当敌人。要搞清楚对象。那么你就知道你要站在他的立场，他能够接受到什么地步，你就用什么方法，用他能够了解的方式跟他沟通。这样一来基本上就是要用关怀的方式，要关心他，所以爱与不爱就是从这里充分显现出来了。如果是“我管你是谁，我管你几岁，我管你是男的女的，我就是这样”，这就是没有“敌情观念”，这是太自以为是的处理。小孩成长到什么地步了，你要注意改变你的方式，那就好了。这一点太重要了，很多父母都没有“敌情观念”，他们都会说孩子小时候很乖的，为什么现在不乖？他没有想小孩现在长大了，观念、想法都不一样了。孩子6岁的时候乖，15岁还希望他乖，这就很难。

第二个就是要把我们的管教原则拿来跟小孩商量。比如我们跟小孩说：“你很喜欢吃糖果对不对？”他说：“对。”你说：“那你觉得一次大概吃几个比较好？”用这种商量的语气。他说：“10个。”你说：“你吃10个以后，那就不要吃饭了。”他说：“为什么？”你说：“因为这样你就吃不下饭。”他就说：“6个。”你说：“6个好像还多了一点。”有人说这是讨价还价。人生本来就是讨价还价。他再说3个，那你说：“好，我们就讲3个，照你说的，以后每一次最多吃3个，你少吃可以，多吃不可以。”他就会说好。你再问一遍，“吃几个？”他说：“3个。”那吃1个可不可以？有时候也可以，吃6个可不可以？不可以，他已经记住了，这样就很好了，将来他会知道，是他搞错了，他会明白的。但是父母如果打他、骂他，小孩就会莫名其妙，他慢慢就会觉得，你不高兴时候就打我。他会这样想其实是没有经过商量的阶段。

你问他一天要吃几餐饭？他说一餐。你问为什么吃一餐？他说猴子吃一餐饭。那你说：“猴子有人来看它，给它吃，没有人给他，它就没得吃。”你再问他：“你吃几餐？”他说两餐，你再问他怎么吃两餐呢？他就会说吃三餐。你问他哪三餐？他就会说早餐、午餐、晚餐。这个时候你可以说：“你好聪明，一下就记住了。”你再问他：“早上吃什么，晚上吃什么，午餐吃什么，吃饭要不要人家喂？”他就会说：“不要，我要自己吃。”你看，他都懂，其实你在平常跟他这样讲讲，不要跟他老扯皮，很多父母没事老跟小孩扯皮。比如说什么你头发长歪了？小孩的头发原本就是歪的。你为什么不做一些正经事？比如你问他要不要洗脸？什么时候洗？这些都可以讲，怎么不能讲呢？小孩都听得懂。

我以前带我的小孩就这样做，我说：“去看电影，那你要不要吃冰棒？”他说当然要。我说：“你吃冰棒就不能专心看电影了，那我们去买冰棒回来，人家电影已经演掉一半了，是不是？”他说：“不吃冰棒不快乐。”我说：“你吃完照样不快乐，你都一直在吃，那你要吃几个？吃到肚子痛为止吗？”他说：“别的小孩都在吃，我不吃更不快乐。”这些话他都会讲，我说：“我们这样好了，你还是吃冰棒，我们还是看电影，但是看电影时候我们专心看电影，看完了我们一定吃冰棒，那样你就不必急，也不必为别人有吃的而你没有吃的在那里伤脑筋，你还会觉得那些人是傻瓜，看电影还在吃冰棒，应该看完电影才吃冰棒。”他说这样对，就解决了。我们就是不做这些事情。

很多父母就只讲一句话：“不吃冰棒就行了。”可是你们后面的问题更多，你是要做前面的工作还是做后面的工作？前面工作做好一些，后面没有事，前面工作简单，后面就会有一大堆事情，永远收拾不完。任何事情其实都是父母成熟与不成熟的问题，任何事情在没有做以前就要去设想可能会遇到的问题。我们再用一个观念叫沙盘推演。比如跟子女沙盘推演一下，让他们参与，让他们自己做决定，从小就培养孩子的独立，但是要让孩子独立到依赖父母，他才会安全。你如果对他们完全不闻不问，这不是独立，根本就是在下赌注。没有通过教导，孩子想不出来，那是冒险。小孩所想的都是很天真、很单纯的，有很多他想象不到的东西，我们要给他做参考。他就会觉得这个也对，没有损害，为什么不要呢？当他很乐意，当他有参与，当他感觉到这是你们共同的决定的时候，他一定会遵守这种规则，这种管教很省力，而且很有效。这里面也有一些尊重的味道在里面。只是适当地尊重，我们尊重老人家跟尊重小孩是不一样的，这是不同的感受，不同的表达方式，不同的程度。

第三个，我们对子女要一视同仁，不能够有偏差的。子女长成什么样子都要接受，我们没有理由挑剔，因为子女是我们生的，他就算是个哑巴也是你的子女，你不能说老二长得比较好，那我对他好一些，老大看着就讨厌，那我就打他，这不对。如果有这样的父母，可见父母自身就有问题，对不对？同样都是你生的，你怎么可以给他们不同的待遇呢？所以一视同仁是很重要的。

孩子的天赋不同，父母操的心也不一样，那父母应该怎么面对不同的孩子？操的心不一样是事实，但是同等都是爱护孩子的，这点是一样的。而且操心的角度一定不一样，比如男孩和女孩，操的心侧重点不一样。那到底男孩操心多还是女生操心多？在不同方面有不同的程度，不能一概而论。男女有别是没有话讲，但是要一视同仁的爱，不是说我爱谁多一点，爱谁少一点，买衣服也不能说我都买同样衣服，那不对。我们真的是可以把它做得很好。今天也必须要说明一下，我们所讲的大部分都是从孩子很小的时候就要开始。

假定小孩已经大了，我们是不是可以补救呢？当然可以，只是比较费劲一点。我们心里头要想到：我以前没有教好我的小孩，我多少有点儿责任，当然我也不必后悔，怪自己也不必，过去的已经过去了，我也不是有意的，我要从现在开始多一点时间，更理性地来跟小孩沟通，慢慢地把以前的观念改变过来。我们发现，因为家庭是不同人的组合，通常都有互补作用，有的母亲就比较感性一点，父亲就比较理性一点。所以有的时候母亲常常会觉得父亲的理性让人受不了，好像没有感情；父亲就会觉得，母亲感性太多，让理性无法出头。所以总会觉得，对方哪里做得不对，这里面是缺少对对方的认同。没有接受对方的“体质”，就是对对方不够尊重，就是一句话，他在你心目的分量不够重。按理说，这个人是你结婚的对象，你明知道他这样还要跟他结婚，结婚后又再来嫌他，这就不对了，是不是？我们也不希望父母同质化，这样小孩很单纯，他只学到一个模样，他就没有多样化的感觉，将来出去适应力是很差的。所以父母不要完全一样，当然不能说走极端，为了完全不一样而各走各的，完全不一样也不太可能。两个人会结婚，多少有点儿相同，有点儿不同。

如果彼此心目当中都有对方存在的话，就不会什么都看不顺眼，明白彼此只是程度上不同，彼此互相帮忙，而不是互相纠正，就那么一念之差而已。你存心要纠正他，那种态度就不一样了，小孩也感觉得出来，而妈妈跟爸爸两个是彼此帮忙的，他没有做好的她帮他做好，她有欠缺的他把它补全，爸爸打我，妈妈就会来给我敷药；爸爸骂我，妈妈就来安慰我了。如果两个人都帮他敷药，他觉得受伤反而很舒服；如果是两个人都骂他，那你们平常说爱他爱到哪里去了，紧要关头都撒手不管了。这种阴阳互补的角色，跟很多人说得夫妻不要扮演黑白脸，差别在哪里？其中有一部分是相同的，黑白脸他是有意的，我们摆那个样子出来，而两个人互助其实是完全出于爱心的，我不是故意这样做，我是很自然这样做的，故意的就是扮黑白脸，自然的就是互补。

有人问，孩子慢慢地长大，或者虽然他年纪小，可是有时候他的观念其实是正确的，他的做法和想法也许跟我们不太一样，可是有他的道理，这时候我们又想让他学规矩，又不希望磨灭他本身的创造力，那我们怎么做？如果我们把他的几个规章都约束得很好，我们就比较放心让他走上不同的道路，如果我们从小对他的管理很宽松，我们就很紧张，这还得了，可见这还是有惯性的。照理说，小孩随着年龄的长大，我们应该给他更大的自由。但是我们不要忘记，生理年龄是一回事，心理年龄又是另外一回事。我们要根据心理年龄，而不是根据生理年龄，这样比较好。他成熟度够，你当然可以放手，他成熟度不够，虽然说已经二三十岁了，你还是要操心的。所以不是说孩子长大，父母就没事了。我们会把孩子外在的年龄做一个参考值，把重点摆在他的内在部分。比如说他在这部分已经很好了，那你可以放松一点，那一部分还是需要谨慎的话，你还是要注意一下子。不是说他现在15岁了，你从此不管了，好像彼此要脱离关系一样，这不对。只要活着，彼此都应该你心中有我，我心中有你。这是一辈子的，这才叫生活，这样人生才有乐趣，也才叫家人。一家人到底是什么？彼此关心，对不对？

讲来讲去，就是“关心”这两个字，我们如果真的体会到的话，那管教就会很正常，出于关心来打他，出于关心来骂他，出于关心来教导他，出于关心跟他约法三章，那小孩他会知道，他就不会反感。我们常常就是没有先说清楚、没有教就打骂，经常搞得小孩莫名其妙。你如果一而再，再而三地警告他，下次再这样就要挨打了，到时候打他，他就知道你是爱他的，你不是出气。如果不分青红皂白地将他拽过来先打，再问他：“你知道我为什么打你吗？”这是开玩笑。所以关心的背后还要有一个适度或者合理。其实关心就是去找那个合理点才叫关心，不然什么叫关心？关心到把一个人打得半死，那一点都不关心，那是嘴巴讲关心，心里头毫不关心。所以我们也要检查自己的内在，这样才知道自己是不是成熟的父母，是不是具有原则的父母。中国人一直讲诚，不诚无物，你只要不诚什么事情都不要谈，这个诚就是内在对自己的一个交代，只要对自己交代得过去，我想应该不成问题。

第七章　父母如何对待爱犯错的孩子

把教育跟泄愤分清的父母，懂得控制自己的情绪。当看到孩子有不当的行为，觉得事情很严重了，应该首先想到的是要如何好好管孩子，纠正孩子的错误，而不是很生气，认为他丢了你的脸，先揍他一顿再说。

管教原则

遵守大原则，管小孩不“偏航”

孩子不同的年龄，有不同的发育特点和心理需求，管教的原则和方式也有所不同。但是，我觉得有些管教原则跟年龄是有密切关系的，有些管教原则跟年龄无关。与年龄无关的我们把它称之为一般性的原则，一般性原则大概有以下五点。

第一点，做父母的平常要和蔼一点，脸色要好看一点。只有这样，当你不高兴的时候，或者当你用脸色暗示的时候，你的子女才看得出来。有的子女说我爸爸整天就板个脸，他什么时候高兴，什么时候不高兴，我根本看不出来，我很想猜一猜他的心思，但是他没有给我一点儿暗示。所以我们第一个建议就是说平常要和蔼一点，也让子女学习这种和蔼的态度，那么当你变脸的时候，你的子女他就比较警觉，这样就收到效果了。

第二点，应该严厉的时候你就严厉。不能说反正你怎么吵怎么闹，我也不会凶巴巴的，我就表示我修养很好。修养很好是对自己，但不是让孩子放任自流。那么也不可以说动不动就骂、就打，那好像你不是他爸妈一样。这两个就是有点过了。所以该严厉的时候才严厉，平常尽量地保持慈爱的态度，对子女会比较好。

第三点，千万不要嬉皮笑脸。很多人没有做爸爸以前，跟他的同学、跟他的朋友整天嬉皮笑脸，他觉得自己人缘很好，而且乐此不疲。当了爸爸以后，他又跟小孩嬉皮笑脸，这就不对了，这个角色就没有调整过来。

因为小孩毕竟不是你的同学，不是你的朋友，而且他会养成一种很奇怪的习惯，他会对任何人都嬉皮笑脸。那将来他跟他的祖父嬉皮笑脸，他跟他爸爸嬉皮笑脸，那就会整天挨打。所以小孩子嬉皮笑脸，最主要原因是跟他的某一个长辈学的。特别是从爸爸这里学的，爸爸跟小孩装鬼脸，整天搞一些花样，背着妈妈去逗小孩笑，我觉得很不妥当。

第四点，不要在别人面前指责你的小孩，同时也不可以装腔作势。在家庭里面你装腔作势，小孩还以为现在在开家庭会议，或者是对外有什么表演，不是实际生活。家人要讲一些贴心的话，讲一些亲切的话，讲一些听起来很温馨的话，就算是骂小孩也要骂到让他觉得很温馨。可是骂怎么可能让他觉得温馨呢？这个就有技巧了，就是说做父母的不可以真的生气，我们一再说你真的生气就控制不了你的情绪了。生气的时候会说很不好听的话，甚至会说“你给我滚出去”。因为这是真的生气了，所以无法克制。一个父母对小孩，怎么可以真的生气？我们要做的是假生气。父母教小孩是教育，教育是扮演角色，因此你要装得很生气。让孩子知道事情的严重性。可是你不能真生气，真生气就会把自己的情绪带入进去，很难控制，那将来后果会怎么样谁也料不到。很多人就是没有想到这一点。很多人都把自我的部分拿出来对待孩子。

当你很生气的时候，我劝你到门外去走一圈，你觉得你要爆发了，你就离开一下，抽烟的人可以去买包烟抽，不抽烟的人可以去街头看看有什么好的海报看一眼，情绪稳定之后再回来，因为你要做的是教育孩子，而不是泄愤。懂得把教育跟泄愤分清的父母知道要控制自己的情绪。所以当父母看到孩子有不当的行为，觉得事情严重了，首先想到的应该是要如何好好管他，而不是很生气，认为他丢了你的脸，你要揍他。这个分析非常透彻，一般人都认为，你丢我的脸，你让我在大家面前难堪，好了，我就给你难看。这个不对，这是报复行为，这不是教育。我想观念上我们一定要搞清楚，小孩他是不懂事的，朋友之间可以这样讲，因为朋友他是懂事的。可是你对小孩不应该这样讲，他会觉得很奇怪，他毕竟是未成年人。

为什么我们要保护他？就是因为他是无知的，他是需要我们教育的，他跟成年人是有点区别的。很多父母会在别人面前假装骂一下孩子，让对方觉得，我的孩子我不是没有管教，大家对我的孩子可以放心，我会好好教他，这样做恰当吗？这是恰当的，但是程度上还是要有区分。不是真的指责他，别当着别人面一个巴掌甩过来，这是不对的，或者骂得很难听，这个也不对。只是做个样子。当然，如果我们的小孩侵犯了别人的话，我们应该代表他来致歉。

致歉的方式很多，通常都是出个声音说："你这样不行，你这样的话别人会不高兴，他们对你那么好，你怎么可以这样子？"这就够了，有个交代。事后再跟他讲原因，告诉他这是什么场合。管教还是要分开的。如果我们看到别人的孩子调皮不听话，我们能不能直接去制止人家？我认为不需要。比如说对方是个大人，他不讲理，他对我们小孩子不存友善，甚至有点过分。我们也不能代表小孩去跟他吵，因为小孩子搞不清楚，他会以为人家对我这样我就可以跟他吵，这是不对的。这对孩子会有不好的影响。我们会跟小孩说："你看，你惹他不高兴了吧！"然后就把小孩带过来，你也不可以讲小孩不对，回家再讲，这样的话对小孩会比较好。我们不要站在大人的立场，我是一直这样建议，如果我是一个大人，我单独和另一个大人在一起，那我爱怎么样回应我就怎么回应，我不必顾虑，可今天我的小孩在场的话，我基于爱护他，基于教育他，我要牺牲一点，我要克制自己一点。那我就要站在小孩立场来考虑，这个才叫作慈爱，是不是？因为很难得，你这一生带不了几个小孩，所以你要好好带他。那么另外就是不要抓到机会就长篇大论地要想教训他，尤其是当老师当惯的人，他经常说一大堆道理，从头讲到尾，那小孩实在很烦。孩子已经会背了，妈妈的下一句是什么，爸爸的下一句是什么。

如果小孩听懂了，再讲下去就是伤害他。不能只顾着炫耀你懂的道理，不能只顾着说你尽了责任，其他的不管。很多人就是说我尽责任了，你看我把道理教给他了。这种心态是不应该的。所谓因材施教，就是看子女不同的反应，你要采取不同的教育方式，不要只长篇大论。父母的标准要尽量一致，我们用尽量就是说不可能百分之百一致。最起码两个妥协一下，比如说在外面，跟别人打交道的时候，到底是爸爸出声还是妈妈出声？我想这些平常要讲一讲，那么给小孩难堪，是爸爸出面，还是妈妈出面？每一个家庭可以是不一样的，不一定是硬性规定，但是最起码双方要协商一下，不要两个人一起发火，也不要两个人都等待，那样小孩真的会被搞得莫名其妙。那每次都要同样的一个人出面吗？还是说只要协调好就可以了？不一定每次都是同一个人，但是基本上平常是哪一个人，偶然是哪一个人，或者意外是哪一个人，小孩在心理上有个准备，对不对？比如他知道气氛不对了，他只要提防爸爸就好了，如果是突然另一个人一下出声，小孩也不晓得从哪里来，他会受不了。

孩子有时候会六神无主，所以要考虑到孩子接受的程度跟他的心理感觉。我们讲这几个原则其实只有一个出发点，就是说站在子女的立场，替子女设想。我们常常看小孩，他其实跟父母是很合作的，可是慢慢他的反叛心会出来。很多父母没有认识到这点：小孩反叛的心理其实是父母造成的，所以不要怪他。有人说："孩子不是在青春期就会有叛逆的心情吗？"会，那个是阶段性的，我们现在先说一般性的。你好好带孩子，他会好好地接受你的教育，这才是自然的，否则教育就无能了，我们肯定教育有相当的功能，就表示小孩他是可塑的，他不是一生下来就是坏胚子，是后来被我们带坏了，但是我们不承认是我们带坏的，我们都说是别人带坏的，我们还说人本来就坏。谈到这里，我们就可以讲一些比较特殊的东西，我们要尽量让父亲来体罚孩子，父严母慈，他有相当的道理，一般来讲母亲总是跟小孩比较亲近。爸爸比较忙，妈妈常常搂搂小孩，抱抱小孩，从小替他换尿片，他们就很亲近。那么这个角色应该比较柔，比较慈，小孩才有安全感。

我们常看到父母有时候抓抓耳朵，小孩都紧张得要死，吓得缩在那边，因为他搞不清楚你下一步的动作是什么，真的很没有安全感。一个人在没有安全感的时候是不容易教育的。父亲离开得稍微久一点，由他来扮演这种比较严厉的角色，对母子都好。所以这其实也是做父亲的一种牺牲。如果有些父亲因为个性的关系，或者说他不是不愿意牺牲，只是很向往那种跟孩子亲密相处的生活，那怎么办？其实偶尔打他，偶尔严厉，并不会影响你跟他这种亲密的关系。你看有时候父亲对我们很严厉，我们事后还很感谢他。所以这个严不是说随时都要打人的那种严。你看朱自清看到他父亲的背影，他产生的那种感觉，我不相信他父亲从来没有骂过他，从来没有打过他。一定有。但是有时候孩子会认识到，幸亏你这样子，否则我就变成浪荡子了。你看我们在怀念老师的时候，也不是说每一个好好先生我们都记得牢牢的。有时候很凶的老师，我们反而记得很清楚，而且很感谢他。有些人有一种错觉，就是认为对小孩好，他才会记得你，他才对你好，这是错误的。

我曾听到一句话：一个人如果常常面带笑容，会让人容易亲近；一个人如果教导得很合理的话，会让人怀念。真的是这样。你会在他的心中留下很长久的记忆，而且是很值得的。做父母最值得的就是这一点。你留很多财产给他，他不一定感谢你。你替他做了很多事情，他可能忘光光。但是你的教导常常会记在他心中。我常讲，以我的个性我很容易变坏，如果不是我父亲很严厉教导我的话，我今天不晓得变成什么样子，说不定会坐牢，怎么样都可能。大家看不出来是因为我父亲的确在我身上花了很多的心力，直到今天，每想起这些事情我都有很深的感触，我会在我子女身上花心力，其实也是从这里来的。这一点也是在提醒大家，我们通常都会感谢母亲的慈恩，可是对于父亲的影响，你若没有真正静下心好好去体会，细细去品味，你就不会知道。

母爱我们感觉得比较自然，父亲往往扮演比较凶的角色，所以我们会对他有距离，会畏惧他，甚至有时候还会怀恨：你怎么老找我麻烦？可是当你比较深一层地了解，当你对人生真的有感悟的时候，这个深一层的意义就出现了，母慈是比较容易接纳的，父严是有思考力的人才能体会得到。也可以说母亲是生理上的，父亲是心理上的。

第五点，最好不体罚小孩。如果是到了非体罚不可的时候，要马上执行。事过境迁了，孩子都忘了。小孩子的记忆力差不多有10分钟，过了10分钟他就不知道错在哪里了，当他很愉快的时候，你把他抓来打他，你不是开玩笑吗？他完全不晓得你是真打他还是假的打他。当下就要处理。要么你要吓唬吓唬他，可以，吓唬他五六次不起效果，就要再打他一次。我们毕竟不是警察，不是法官，不是说你错了，我就绝对不宽恕你，没有这个必要。那就不是家人了。你讲到差不多，发现他真的了解了，也会改，你就说：“这次本来应该要打你的，但是我看你已经懂得道理了。我就不打了。”小孩才知道只要他悔改的时候，他就可以不必受罚，家庭跟他将来要到的社会毕竟是不一样的。

谨慎体罚

谨慎地体罚跟完全不体罚，哪一个比较有效

谨慎地去体罚跟完全不体罚，到底哪一个比较有效？能够完全不体罚当然是上策。你能够保证不体罚，而小孩能够长得很正常？我没有说他一定要出人头地，因为不一定每个小孩都能出人头地，他很正常就够了。我们常讲一句话，“小孩不给你闹事，你就阿弥陀佛了。”这是真的，太多的环境会引诱他变坏，他能够循规蹈矩，做一个正常人，将来过正常的生活，父母就应该很喜悦，不要对他有太高的期待。你认为你可以坚持不打小孩，也用不着标榜。那是自己家的事。你标榜那个干什么？有些人会说：“我从来不打我小孩，老师敢打他，我就找他理论，找他拼命。”这个有点过分。我们经常看到这样的人，受到领导的责骂以后，她就会感觉是一生的羞辱，她就要辞职，这也太不理性了。她可能小时候没有受过父母的责骂。她认为没有一个人可以打她，可以骂她，所以受不了一点委屈。

如果说没有把握坚持不打小孩，我们建议在孩子很小的时候，找出他一个很明显的错误，给她一种痛感——打他，因为小孩子你不用重打，你重打他会受不了。到了忍无可忍的时候，你会出手很凶的，那反而危险。你给他点痛感，让他知道他过分吵闹会被打痛，这就会留在他的记忆当中，我觉得这有好处，这样你可以避免将来一定要打，很小的时候你让他受点苦头，他以后就不敢胡闹，以后就会有分寸，那么你就比较有把握不

体罚。

这些在孩子很小的时候，就必须要注意到。三岁以后再调整就比较困难了，你看很多小孩到了三岁，妈妈真是拿他没有办法，动不动就要叫爸爸出声，这就已经很明显了，就表示说以前太放纵他了，你看要他吃饭，他到处跑，一到人家就乱扔东西。小的时候不重视，大的时候父母更丢脸，父母要常常有这种警觉性。有些人会说用处罚的方式，不要体罚。处罚对比较大的孩子有作用。小的孩子他根本搞不懂，你罚他站，他晃来晃去，好像是跟你玩游戏一样。

我们是要讲体罚，但要加上两个字，合理。稍微不合理，他是有坏处，绝对没有好处的。我们讲不必体罚的时候，最好是不要体罚，可是要体罚的时候，要有一点痛感才有效。无关痛痒他根本就记不起来。有时候妈妈嬉皮笑脸跟他打，等于两个人在玩游戏，爸爸也是装得很凶，下手却很轻。“唱戏”要唱得像一点，装得生气，不要真的生气，要么不打，但是不能作势，很重抬起轻轻地落下也不对，这会造成小孩的错觉。要么就打，要么就不打，要出手就出手，不出手就不出手，小孩对你才有阴影。这样才是教育，不然就变成取闹。小孩他没有办法接受你这种取闹的，说不打结果打得很重，说打结果晃两下又没有打，让他吓得要死，这个算什么？不要搞成那样子。家里应该是让大家感到安全第一，这是我们非常重视的一点，小孩一回到家就不安，就躲到角落里，有一天他会出走的，这是我们管教时都应该要注意到的。

我认为还有一点是最妙的，就是用祖宗崇拜来管小孩，这个真的可以利用。

第一个，我们用死人来管活人有重要意义。人活着，就有七情六欲。小孩会看到父亲也有不理想的一面，但是祖宗他看不到，你说祖宗很美好他就很美好，他无从挑剔。有时候你会打破杯子，小孩觉得他打破杯子就挨打，那你打破杯子谁来打？祖宗打，对不对？祖宗不会打破杯子，因为他已经死了。所以我们假借死人来管教活人，对小孩子来讲，他不会产生区别对待的怀疑。

第二个，他不会报复。活人有报复的对象，有怨恨的对象，死人没有。而且做爸爸的可以表现出你不是在体罚他，而是你觉得对不起祖宗，那么他也会觉得对不起祖宗，你们两个同样对不起祖宗，那怎么办呢？如果是你错，你接受祖宗的体罚，如果是他的错呢？那小孩讲："我也接受祖宗的体罚。"这就有一个间接的拐弯，那可是接受祖宗的处罚，就是小孩是对祖宗，而不是对父母，这就使得亲子之间更和睦。孩子是由爸爸代替祖宗来处罚他，那孩子心里会偷问：那爸爸由谁来处罚？所以当爸爸做了错事，他也应该跪在祖宗牌位前，他最好也接受家罚，以前就是这样。以前不管你到了多少岁，只要做错事情，到了宗祠，六七十岁还是照打。这个时候小孩在旁边看就想果然是这样的。

因为现在我们是小家庭，所以做父母的其实自我反省一下也够了，这会让孩子知道，他将来长大了，他接受的处罚方式也是不一样的。以后他长大了，他只要懂得自己反省，自己检讨，自我改善就可以了。慢慢去跟小孩讲，如果能够做到这步，你就不用做那种形式上的打手心，或者是罚跪，都不需要。在这种情况之下，我们还有一个好处；就是父母的手不是直接打过去的。

我们说要体罚，其实也最好不动手，因为父母的手是传达爱意的。小孩看到你的手以后，他会感觉很温暖，这样他会有安全感。你如果用手去打他，他以后看到你的手就有点怕了。就好像你原本是在抓耳朵，他却以为你要打他，是一样的道理。父母一举手，小孩不知道躲到哪里去了，就表示他怕你这只手。因为你打过他，人就是这样，一朝被蛇咬，那么长久会怕草绳。你用手打过他，他对你的手就没有信心，也没有好感。所以做父母的不用自己的手去打小孩，应该是个比较好的习惯。那怎么办？用什么来打孩子呢？我们以前都用戒尺。

你用手打他的力度有时候很难控制，你在气头上，这一出手有时候太重了，后悔也没有用。我觉得这句话很重要，我们常常后悔，但是后悔没有用。与其这样，不如一开始就不动手，就不会失控，不会造成这种后遗症。那个戒尺做得方方的，摆在那里本身就有警示作用，这个戒尺不是对某人的，是对全家人的，只要哪个败坏家风，违反了祖训，惹祖宗生气，戒尺都会发生作用，这样一来大家就知道这是个很公正的东西。

这个戒尺，你怎么去打他？你可以让小孩自己打自己的手。他如果打得很轻，你可以问他：“你觉得这样子祖宗会满意吗？”他就会说：“那我打重一点。”然后再问他：“为什么要打重一点？”他会说：“因为这样我才记得祖宗给我的意思。”小孩慢慢从这当中能体会出很多道理。你还可以叫小孩去拿戒尺，拿了以后摆在旁边，这整个过程已经够他受的了。你对小孩说，你有没有错？我们来谈一谈，你先把戒尺拿过来。小孩就这么过去，把那个戒尺拿过来，我相信他这一路都不会高兴的，他脑袋会空空的。他的心情一定是相当沉重，他一定慢吞吞的，一定想这怎么回事，他要怎么解释等等，这个过程很重要。戒尺拿来以后不要拿起就打他，把戒尺摆在旁边，把戒尺当作一个公证人，然后你们两个来谈。所以这个过程可以缓和情绪。父亲的情绪也可以缓和。谈完以后甚至说：“那就这样子，你把戒尺拿回去。”他捧着戒尺就会如释重负。他会觉得幸好有祖宗在，不然今天父亲可能不会这么快让他过关。这样不是很有意义吗？

现在因为是很多小家庭，孩子没有跟父母一起住。其实这个事情应该是家里的长辈来做更适合。祭祖这件事大多数时候由父母做，各个孩子就没有再做。现在是不是应该说祭拜祖宗这个事情很重要？我认为是很重要，一个人如果崇拜祖先的话，祖先是不会骗你的。祖先会不会骗你的钱？不会。可是活人就很难讲，你太相信他的时候他就会动脑筋骗你，所以我们希望我们的下一代，不要有个人崇拜比较好。同时人与人之间可以比较冷静地来谈问题，因为最后还有死人会出面，这样不是可以降低活人的权威吗？

祖先“管教”

孙辈跟祖父辈如果没有来往的话，关系就断了

家里祭祖其实很简单，就是放好历代祖宗牌位，你就是用水果拜也可以的，不一定说要搞得很热闹，但是整个过程让小孩参与才有用。不要让孩子觉得不关他的事。有些家庭在这点儿上已经脱节了，父母两个人拜得很起劲，让子女去做作业，能省就省了，那就失去意义了。我觉得是参与整个过程，就算不是供奉很昂贵的东西，放些鲜花水果，你至少应该让孩子看到你的虔诚，你对祖宗的尊敬，这个如果没有被看到，孩子恐怕很难信服。这是一种教育，不是迷信。迷信就不好了。

其实现代社会很不安定，但是小孩在看长辈祭拜的时候，从长辈庄严的表情中，能感受到安定。**家，就是一个安身立命的地方，就是一个可以感受安定的地方**。这个很重要。否则小孩就会惶惶不可终日。在家他感受不到安定，在学校他也感受不到安定，你叫他怎么办？家，最起码是一个人能感受到安定的地方，小孩子在外面觉得不对劲儿的时候，有一个地方他可以回来，就是家。我觉得通过祖先祭拜，可以让小孩感觉到家的安定。不要把祖宗崇拜当作迷信，千万不要。把它当作一种教育，比如我们大人有时候在想什么事情的时候，我们面对祖宗牌位，其实是跟他们交谈，不是说希望有什么神迹出现在我们身上，不是这样。因为你看到牌位会想起他生前的状况，就感觉好像他还活着一样，你跟他交换意见，觉得如果他还在的话会告诉你怎么做，应该是这样才对。而不是说祖宗变成神

了，不是说他有神奇的力量，他点一下你就有几千万，不要有这些想法，因为那是不可能的事情。不要说祖先变成了某某人，他在梦里面告诉你有这些东西，这些神奇古怪的东西不要有。明白让小孩心目当中有祖先是有好处的，因为**香火的延续是靠心跟心的维系**。

孙辈跟祖父辈如果没有来往的话，关系就断了，如果继续下去的话，我们的家风就可以延续。我们为什么要美化祖先？就是希望一代比一代更好，你整天讲祖宗的笑话给子孙听，有什么意思呢？有很多伟人的母亲，她们一定常常讲她们的先辈、祖宗怎么样好。激励她的孩子们每个人要有很大的表现。比如说父亲还活着，祖先死了，你可以讲："你爸爸不怎么样，是因为环境对他不利，你看看你祖父多成功。"不要去跟外面的人比，要跟祖宗比。你让小孩有责任感，让小孩有光明的前景，让小孩有信心，这有什么不好呢？没有不好，我们教养子女，真的是要把他们教养成一个负责任的人，这是非常重要的。

父母本身就要表现得很负责。向谁负责？我没有能力向政府负责，我没有能力向世界负责，那我向祖先负责总可以吧？应该朝这个方向去想的，不要老是觉得对先辈有很多批评，我们做参考就好了。有人会说曾教授你落伍了，怎么还跟祖宗负责，现在我们都要跟月球负责。可是我感觉我很愉快，因为我常常可以跟我的祖宗聊天，像我祖父，他已经去世了，可是我常常会感觉跟他聊天。这是一种心跟心的联系。因为我是长孙，小的时候我每天一起来，我的祖父一定会牵着我的手，出去买东西给我吃，吃得我牙齿后来都很糟糕，但是我还是很感谢他，我今天有些事情还是可以跟他聊天的，那不是多了一个很亲近的人吗？有什么不好呢？

谈完家里祭拜之后，我们再说些阶段性教养的要点。阶段性就是说，孩子的年龄跟他的成熟度我们要加以考虑，比如说在儿童以前，他有两个时期，一个是婴儿期，一个是幼童期，不要把婴儿跟幼童统统变成一样的，这是有差别的。婴儿、幼童，你跟他讲一大堆道理他真的无法接受，你体罚他，他也真的受不了，所以这个时候，我们就要多协助他，多示范给他看。穿鞋子不要老跟他讲，用抽象的指导他真的不知道，说把你的左脚抬起来，他左右脚分不清楚的。我们告诉他鞋子应该这样穿，然后脱下来，再穿上，再脱下来，然后放在那里。他自己感觉很有趣，他穿脱几次就会了，不要讲什么道理。他有时候没事就坐在那里练习穿脱。小孩其实都是靠练习的，你看他会重复地讲一句话，就是练习，我们不要笑他，我觉得小孩这个方法是最好的，他看到茶杯，他第一次搞不清楚是什么，听大人讲茶杯，然后他无论看到什么都叫茶杯，其实他是在反复记忆，我们不要笑他，当然也不必鼓励他，那样他会以为自己把狗叫茶杯你都很欣赏，那以后他就叫狗是茶杯，这使他错乱掉了，有时候大人经常帮倒忙。

大人对于孩子的行为如果反应不当，也会造成一定的影响，就是帮倒忙。我们协助他，示范给他看，多通过行为、动作来达到让他学习的目的，尽量少用抽象的语言指导，他这个时候还没有能力接受。可是到了儿童时期，甚至少年期，那我们就得多跟他讨论，当然都是讨论比较简单的。有人问，差不多几岁是儿童？6岁以后应该就叫作儿童了。孩子6岁以后，我们就可以讲解，用一些简单的说明跟他讨论。可是到了少年期，我们应该多加上批判。但是批判很难，因为有时候他反而记住的是负面的东西。所以批判的时候要讲正面，然后再讲负面，会比较好一些。可是我们一般人认为批评就是讲负面，其实批评不一定讲负面，也可以有正面。你灌输太多负面的印象，小孩他一想就想到负面，反而对他不是很理想的教导。

孩子年纪越小，越给他正面的想法，可是不要忘记，在适当的时候要给他负面的指导，他才不会一厢情愿。有的小孩过分一厢情愿，我们就把他叫作温室里的花朵，将来他适应能力也很差。

等到青年时期，你跟他说明，他不太能接受，这时候我们给问题让他自己去想。我常常劝很多父母说，你假装不懂，让你的小孩表现，这是一种教育方法。所以要提出问题来问他。比如我们拿一个卡带回去，自己在那里操作，在那里听，小孩就躲得远远的。如果你拿回去说，这是什么？

他说这是VCD，你说是，我也听过VCD，但VCD怎么放？他就放给你听。你说怎么操作？他自然会跟着你在旁边教你。因为他要表现。然后你说这个声音我听不清楚，我去帮妈妈照顾一下厨房，这段你帮我听一下，很重要，回头讲给我听。其实你听得很清楚，但是小孩不会怀疑，他之后再给你讲的时候他有成就感，他有表现的机会，甚至他觉得他还有些贡献。不要规定他这样，规定他那样，这让他感觉你把他当工具，不要这样子，把他当作是你的辅助的朋友，甚至对你还有所帮忙。当他是你的助手的时候，我觉得他会很乐意。其实这就是在启发他，让他自我学习。这是孩子最好的年龄，孩子太小你也不放心让他操作什么，太小相反我们操作给他看。

随机教育

为什么说随机教育才是以儿童本位的教育

我觉得有一个观念很重要，就是说任何东西不要让小孩自己冒失去尝试，一定要在教导之后才让他去尝试，这样比较好。你看很多外国家庭，他那个收音机是不许小孩去动的，他那个电视机也不许小孩去动，不像我们，小孩动的时候不管，搞坏了就揍他，这是不对的。你为什么事先不规定？你给他机会，结果他惹事了，你才发混账脾气，完全不对。先定好规则，告诉他这个东西是不能动的，因为它是很精密的，一动就会坏的，家里头只有谁能动，他不懂会请外面的人来动，小孩没有话讲，对不对？他没有什么好坏的观念。尤其是那种三四岁的小孩子，拼命玩，玩坏了，大人很生气，这是不可以的。

我们要让小孩从小养成习惯就是说没有教导的东西他不去碰，这就是最安全的，他将来看到没有碰过的东西，他不会去尝试。有人说，这样孩子就没有冒险的精神跟创造的能力。所以大人要适当去教他，这是大人的责任。你教导他什么都不敢动，那就是扭曲的。教他不要动，是一种谨慎的态度。甚至他可以主动提出要求，让你教他怎么做，这才是最成功的。这个东西来了他不会去乱动，他会说你教我怎么动好不好？他会提出这样的要求，表示他有自愿学习的精神，我们当然希望他有创造，但是也不希望他过分冒险。因为我们只是要教个平凡的孩子。比如说排队去等蹦极，我不会教我的小孩做这个。那是感觉生活没有意义的人才会去做。

这些东西我们都要随机教，这是一种机会教育。小孩不是说每天上几堂课，不是这样的，那是将来的学校教育，其实那个是不得已的事情，那么多学生你没有办法每个人都随机教育。所以才会说这堂课上国文，下堂课上什么，那是很不得已的事情。这个时候，小孩正好对数学有兴趣，你把他拉去上国文，所以他就在底下偷看数学书，但这是不得已的事情，在家里不要这样，你看他对某件事情很感兴趣的时候，你就随机教育这个东西，这才是以儿童本位的教育，否则就是父母本位了。可是小孩子没有持久的性情，他可能是3分钟热度，怎么让孩子比较能够持久地去学？要配合他，比如说我们让他听收音机，听个三五分钟，我们主动把它关掉，然后问他刚才听到了什么？说不定他会要求你再放给他听。如果你看到他一直听，你就先把它关了。有时候我们关了，他反而还想再听。然后你跟他谈一谈，再把他注意力引回来，说我们一起再听一段好不好？他一定说好，再听一段，然后再关了。他也觉得大人跟他一起在关心他，我们要有这种有效性的观念。

这个也是看孩子成长阶段，有的孩子比较小，本来就是3分钟热度，就不能强求，而且还有个别差异，有的玩积木可以玩很久，有的不能玩很久，不要勉强。有些父母会担心，自己本身各方面才艺有限，万一孩子喜欢的父母不懂怎么办？其实我觉得，这点儿不必太担心。以前的父母不见得比我们行，可他们照样教得很好。你说孔子的爸爸比我们行吗？不见得。他能够教出孔子，我们怎么不能教出孔子？我们不会在家开一个太空课，我们只教他非常基础的东西，其实这些东西才重要。我们要教给孩子的也不是知识或才艺本身，而是态度。小孩自己本身会去发展，同时我们也要经常检讨。父母一有空就要想想，我们两个现在教小孩的方法，哪个比较有效我们继续用，没有效的我们把它淘汰掉，我们再换一种方法。父母就是从这里成长的，我们常常讲父母成长，难道学小孩去爬才叫成长吗？当然不是。我们从这当中检讨出更好的方法，以后用更短的时间收到更大的效果，让我们去成长吧。

这个成长不是说去吸收多少知识，你说大人去学小孩讲话叫成长吗？知道怎么把小孩很正常地教好，这是我们的成就，也是我们的责任，我们从这当中可以悟出很多道理来。这是我们以前没有想象到的，这也是我们做父母的乐趣。你只要把它当一件事情来做，你讲究方式方法，你自然会有乐趣的。有时候我们觉得小孩是累赘，就是因为这样也没有效，那样也没有效，那父母要平心静气地检讨自己的一切。我今天很坦白讲，这都是父母自己惹出来的，你把小孩搞成这样，然后来骂他，这不合理。我们讲得话稍微重了一点，但是我们的用意是说大家一起来重视这件事情。小孩是我们塑造的，我们把他塑造成这个样子我们要接受，就好像一个人去做花瓶，做到最后“歪脖子”，他会觉得很美，因为这是他的心血，我们用这种心情，为什么不全盘接受？这是我们自己塑造出来的，如果不满意，我们再给他调整，我们不能把他打碎，抱着这种心情的话，我觉得家庭就会很和睦。

在孩子小的时候，因为他正在被我们“捏”，所以面对这个孩子的成长，我们是不是也要做一些抉择？因为我们有很多家庭主妇，面对这样一个困惑：她好像觉得自己没有用，先生也瞧不起她，自己也没有生产能力。这个社会提倡让家里有孩子的母亲进入职场，增加国家的生产力，这样的一个外在环境，我们怎么办？我的看法是，各有各的方式，不见得说就无路可走了。夫妻一方工作一方不工作，有好处也有坏处。双方都工作，也有好处也有坏处，两个人都忙得要命，也不见得就教不出好的子女，要有这种信心，因为这是事实。就是必须要衡量所处的环境，知道怎么做才是最有效的发挥，这个才是重要的。

基本上我们还是提倡小孩小的时候母亲暂时不工作，你专心带孩子，两三年而已，你这两三年把小孩基础打好的话，你将来回收的比你损失的要多得多。但是话讲回来，如果这三年你辞职不干了，你还是没有办法把小孩教好，那不是两边都空了？所以我觉得每一个家庭应该花点时间去研究研究，探讨探讨。

你看两个人都很忙，对小孩就要稍微关心一下，回家以后就不要谈职场的事情，你看很多人会把在职场上的苦恼带回家，这不对，这就没有尽到父母的责任。在职场，你应该受的你要去受，回来你就要把它抛开，然后最起码你要留下两个小时到三个小时跟小孩相处。你们是跟你的小孩共同生活的，这时候你没有理由把你的苦恼转嫁到你的小孩身上去，你要有这种坚决的态度。而且你们要更加珍惜这两三个小时，说不定会收到更大的效果。可是如果孩子完全不知道父母的辛苦或者说在工作上的一些遭遇，会不会让他不能了解所谓人生的苦难？我们要看怎么个情形，比如，我相信像我这个年龄，大家讲起来都是说我们小时候很苦、很穷，这是一般性的，可是我的父母就尽量让我没有穷的感觉。

举个例子，我其实知道父母每一个月都是入不敷出的，可是我父母出去回来总带点小点心给我们，不贵，但是让我们很高兴，也让我们觉得我们过得很富裕，但实际上我们很穷。所以，父母的痛苦有没有必要直接地让子女感受到？这是一个值得探讨的问题。当然不让小孩完全不知道穷人家的滋味，那不可以，其实他已经感受到了，因为妈妈感觉米缸没有米了。我们也能感觉到的。每天都吃这样的菜，我们也能感觉得到。可是出门还带点小点心就会让我们感觉很富裕。如果是穷到最后连志气整个没有了，一辈子都会受害。所以要穷得有志气，穷得有自信。还是要机会教育，买点小点心也是机会教育。

第八章　如何培养孩子的基本生活技能

生活是主轴，工作、休闲、娱乐都是包含在里头的。完全追求工作、休闲和娱乐，就是把原本的给忘记了——舍本逐末，忘记了我们本来是为了生活而来。

技能教导

为什么要培养孩子的生活技能

本章要谈到的这个主题就是怎么培养孩子的基本技能，不过在谈这个问题之前，我想先谈一谈，为什么我们要重视培养孩子的生活技能？说到这个你能想到什么？

生活就是人既然生下来就要活下去，这是第一个意思。第二个意思是，生活就是表示人的生活是最重要的。很多人把生活看得不重要，把工作看得很重要，把休闲看得很重要，把很多别的东西看得很重要，这就是忘记了生活。其实，生活是主轴，工作、休闲、娱乐都是包含在里头的。完全追求工作、休闲和娱乐，就是把原本的给忘记了——舍本逐末，忘记了我们本来是为了生活而来。

既然要生活，他就要有一些技能。你工作要有技能；你休闲也要有些技能，高尔夫球不是每个人都会打的，得有点本事才行。所以生活的本事其实就是生活技能。对不对？我们需要生活技能的时间很长，从我们出生之后到我们死亡，在这么长的一段时间里，它究竟包含了哪些内容？

比如说弹琴、画画、打弹珠，其实打弹珠也是生活技能，不要说它没有用处。当然，不一定是每个人都要打弹珠的，但是也不要把打弹珠看成是浪费时间的一个行为。还有摄影、缝纫、烹调、刺绣，有时候种种花，或者油漆、粉刷，凡是跟生活有关的技能都叫作生活技能，说得简单一点，连吃饭都是生活技能。你看为什么有的人吃饭就不会掉饭，你为什么就掉饭？同样喝汤，人家一直看你，就表示你连喝汤都不会，是不是？戴个帽子，怎么把眼镜取下来，为什么有的人眼镜戴很久，框框还很好，有的人才戴半年就歪了？就是他根本不会使用眼镜。皮带怎么系？鞋带怎么绑？其实都是技能。这么小的事情，也是大的事情。我们看到一个人说这个人很邋遢，其实跟他的生活技能很有关系。不见得东西好就不邋遢，好东西照样搞得很邋遢，好好的东西，给这个人一用就弄得完全没有价值了。这个人显然没有生活技能。

可是我们现在对生活技能好像不是很了解，也不是很重视。这主要原因是生活技能不用考试。什么时候把它列入学校的课程来考的话，大家就重视了。人家童子军以前什么都考，所以人家童子军以前生活技能就很好。可是后来童子军的老师觉得，那我教生活技能感觉我没有学问，所以他又教了一些学生听不太懂、考了半天也不会做的东西，造成童子军学术化。

我们是不是因为从小都是重视考知识部分，所以就把不用考试的部分拿掉了？的确是这样的。因为生活技能不用考，所以我们就忽略生活技能培养。我们也养成了一个习惯，任何东西只要不考试就不去记它，不去把它做好，这是很明显的考试导向。学生一拿到课本先问要不要考？不考那我买这课本干什么？那就放轻松了。考试导向是个很不好的现象。我们用人单位常常问你是哪里毕业的？你读的是什么专业？你考试考多少分？我们为什么不看看他的应对进退，不看看他身上的东西他用的程度怎么样，我们应该看看这些。可是很多人忽略了这个，所以请进来以后破口大骂。其实应该先怪自己没有眼光。看看他牙齿整理得怎么样，看看他眼睛旁边是不是还有很多没有清理掉的东西，我觉得这才是生活技能，可是我们太不重视了，父母如果重视的话，小孩他就很容易去重视这些东西。

比如他桌上堆满了东西，父母不讲，他就没有整理技能。整理也是一种技能。吃饭就说吃饭了，如果小孩又忙他的，搞得乱七八糟，就是没有吃饭的技能。玩具给他玩，玩完了不叫他归位，他就没有收拾技能。他只有玩的能力，没有收拾的能力。日常生活，随时随地都需要技能。有人问这样久而久之，这个人会不会变得很刻板呢？其实技能也会变，我们讲熟能生巧，对不对？你看我们写字刚开始要一板一眼。可是后来你就放松了，放松到后来变“游刃体”，不过那是长大以后的事情。**人慢慢会有创意，创意是从熟悉中来的**，很多人的创意是没有底子的创意，我们一看就看出来，那根本就是胡闹。你看有一个人弹钢琴，他说我是随心所欲，乱弹一气，但人家弹得很好，因为他基础好，我也来乱弹一气，到最后所有人都跑光了。要有技能，然后你才去变化，所以还是要重视的。

除了因为不用考试，还有那些因素造成父母不重视子女的生活技能培养？有一个错误的观念，就是认为小孩长大就会了，这造成父母对子女生活技能培养的疏忽。我们现在很多人就觉得，孩子那么小你教他干什么？他长大就会了。好像自己也是长大就会了，对不对？其实不然。有很多东西他是生而自知，的确没有错，但有很多东西没有学是不行的，何况我们现在的社会是学习型的。很多事情学了以后，他跟我们与生俱来的已经不太一样了。

生而俱来的，吃饭他不太讲究的，反正他把饭吃下去就对了，可是后来学习就发现之前的不对了，要坐在那里，等大家都开动了他才可以动。那么夹菜不要说我高兴，我就一直夹这盘，这些不是生而俱来就有的，其实这就有点类似野蛮跟文明的区别。你让他自生自灭，那他就是另外一套生活方式了，你教他，他就进入文明了，这是很有意思的事情。可是一般父母认为说，我教他干什么呢？我也是没有人教的，错了，父母在不知不觉间教导小孩是最好的教育，这叫潜移默化。

现在很多人以为他父母都没有教他，其实我认为，老一辈的父母很用心在教，只是他很懂得教，所以教得好像跟没有教一样，那我们这代因为学了学习心理学、教育心理学，搞了半天说我父母没有教我，这让父母很冤枉。好像很多人只记得小时候被管，不记得被教。所以我们现在就可以说，**人要生而知之，学而知之，还要困而知之**。我们做父母的最起码在学而知之这方面给子女一些帮助。

教导原则（上）

培养子女基本生活技能要遵守的六大原则

通过上一节内容的论述，相信大家对培养子女基本生活技能的必要性有了一定的了解，接下来，我们主要谈父母在培养子女基本生活技能的过程中，应该遵守的六大原则。

第一个原则是爱你的子女，就要教他生活技能。你爱他就要教他，除非你说我管他的，或者说我把他生下来了，我就没有责任了。很多人认为孩子生下来就没有责任了，他爱怎么样就怎么样，而且我将来也不靠他，现在很多人已经接受这种观念，这其实是害人害己的观念。你不是养一只鸡，养一只鸡你可以吃它，你养一个孩子，你跟他这样不晓得有什么意义。你说爱他不是在嘴巴上讲，你要是真的爱他，就要让他将来生活得愉快，要想生活得愉快他就必须要有技能，否则到处被人家笑。比如鞋子不会穿，袜子一只脚高一只脚低，一件好好的衣服穿在别人身上很好看，一到他身上就这样不对，那样不对。要想孩子生活愉快就要从小培养孩子的生活技能，父母爱他其实具体的表现就在这里。为什么生活技能有了之后才能够生活愉快呢？因为你会受欢迎，人家看你就不用异样的眼光，不然每个人看到你都觉得这个人好像怪物，这就不太好了。这个愉快是因为我们自己生活方面处理得好，别人看我们，跟我们互相对应，然后我们自己就会减少一些麻烦。

当然现在有人说要有个性、要特别，我觉得人是同中求异，异中求同，不是说特别就好。如果是特别就好，人家都吃饭，你就不要吃饭好了，对不对？特别是在相同的人群当中，你的某一部分让人家觉得很有兴趣，人家不会排斥，要特别到人家不会排斥你才是成功的。弄得奇形怪状，大家看到你都躲得远远的，那这种特别有什么意思？那就变成外星人了。偏偏有很多人的心理是不太正确的。

第二个原则是不要去干涉子女的愿望。因为子女不是父母愿望的实现者，我们看到一个老爸，常常问他的子女要不要继承他的职业？其实这种观念也是不必要的，为什么子女一定要继承父母的职业呢？“行行出状元”，儿子跟爸爸是两个不同的个体，儿子不是父亲的延续，不是。我们有一个错误的观念，认为子女就是父母的延伸、延续。有人说，难道这个就不能延续吗？对，什么能延续？家风能延续。个体两个同时存在怎么会是同一个人的延续呢？两个人同时存在，就表示是两个个体。

很多家长奋斗一辈子，他觉得好可惜，我这些事业、家财不传下去那怎么办呢？可以传给合适的人，不一定传给自己的子女。传给合适的人，这个事业才会生生不息。你传给儿子，儿子就给你败坏掉了，你也不能怪他，因为他完全没有兴趣。这样的案例太多了。可是我们看到很多家族企业老板，他觉得不交给自己的孩子就变成外姓的去了，变成别人的了，放不了心。其实这个也是有相当道理的，可是话讲回来，大企业他本身就相当多元化，我不相信说一个小孩子看到一个大企业的领袖，他不想当。那种吸引力是比较大的，但他当了以后是什么样子？他可能有他的特殊性在里面，比如老爸很霸道，儿子继承他以后，儿子来个民主。那么孙子一看，爸爸很民主搞得快垮了，他再来霸道，也可以。没有说要跟爸爸一模一样的。可是话讲回来，如果爸爸他是做雕花起家的，子女要继承他就很辛苦，很困难了。你没有什么特殊性，你又雕不过他，又要整天坐在那里，又要放弃其他的东西，这个太强人所难。

现在要提一个很重要的观念，就像尧舜禹的时候，尧之所以很有名是因为他愿意把他的位置交给别人，因为交给自己的孩子不见得能够把一个国家管理得好，你找到一个适当的人能够让这个财产永久地传下来，这个意义其实是很大的。所以那时候叫作禅让，后来用选举。其实选举跟禅让不见得哪个更好，有合适的人你就禅让，找不出合适的人你就来选举，选举好像有这么个“味道”，这样的话就不好。所以你自己如果是个领导人，或者是一个重要人物，你自己的眼光应该相当独到才对。你要有这个能力：我挑的你们放心，我挑的不会错。这比大家盲目去投票其实要好。所以这个其实也包括在一个人的领导能力当中。他能够挑适当的继承人，他能够挑了之后让大家心服，这是他最大的成就。这个真的是不容易的。所以我们讲父母不干涉，其实不是不辅导，我们把这个话题引到这来是一样的道理。

如果说你爱怎么样就怎么样，我懒得管你，也不对。因为知子莫若父，父母最知道子女的兴趣在哪里，能力到什么地步，有时候当局者迷，他真的不知道自己的兴趣在哪里。他的愿望未必符合父母心思，父母也不能干预。子女不能一定要做你的行业，子女不能一定不做你的行业，他有选择权。我们帮助他选择他最合适的，这就需要一些技能了，对不对？比如说他很想做工程师，那我们从小就培养他什么呢？他要去堆沙堆，他要玩积木，这个也是生活技能，不要把它说完全在玩。对于一个不想当工程师的人，他也许玩积木纯粹是玩，可是对想当工程师的人，这当中他就可以学到很多。这就是他的技能，所以父母不干预，但是要辅导。你要尊重子女的选择，要告诉他，他的利弊得失在哪里。换句话说，不要强制就好了，要关心他。所以不做最后的决定，但是可以提供必要的资讯。

第三个原则是我们要和子女共同商量，哪些是可以做的，哪些是不能做的。这个界限要跟他商量一下，因为有很多不是生活的技能，但子女可能感兴趣。赌博是生活技能吗？打麻将是吗？这些都跟生活技能没有关系的，你一辈子不打麻将可以活得很愉快，我没有反对打麻将，只不过说打麻将打到日夜颠倒的，这个是真的害人。所以我们从小就告诉他，哪些是你的生活技能，你可以学，而且你学我们不反对，还帮助你学；哪些我们希望你不要学，当然你一定要学的话，那我们会比较严厉地警告你，我觉得这样就是很负责任的态度。有太多的东西不是生活技能，比如说荡秋千，你如果慢慢地荡很愉快，就是生活技能，你如果每次都要荡非常高，转一圈回来，吓死人了，那算什么生活技能？那叫冒险。不要鼓励小孩做这种事情。可是有很多家长，在孩子很小的时候，让他从很高的地方下来。这个不好，因为让小孩过分冒险，父母也是非常担心的。他干什么都要弄得你出一身冷汗的话，那是你自作自受。小孩在安全的范围之内让他去创造是可以的，但是冒险毕竟是少数人的事情。

有人天生是冒险家，那是极少数的。如果大家都去征服世界上最高的山峰，那就不算稀奇了，那个地方就变成菜市场了。生活技能是为生活所需要的东西。你怎么样把眼镜拿下来？自己把它变花样，今天烤一下，明天弯一下，后天漆一下，那个不是生活技能，那个是乱变。这种人将来很难跟人家相处，我们教他一些生活技能，我们尊重他的选择，我们再跟他讲哪些事情可以做，哪些不能做，做到什么地步，那这样一来学习的功效就很高了。生活有一些必备的东西，我们当然可以把它算作是生活的技能，但是对生活没有帮助的乱变是没有用的，那这些跟情趣、休闲的差别在哪里？

比如眼镜是使用的工具，你要爱惜它，因为不管它是怎么来的，就算你认为是很便宜买来的也要爱惜，其实你要变这些眼镜的花样也可以，你自己用个铁丝，你把它绞得奇奇怪怪的，可以，但是要把它跟生活分开。否则的话，将来有一天小孩就搞不清楚，他甚至爬到饭桌上搞出很多花样，大人就没有办法生活。生活跟创造要分开，这样饭厅就不会变成实验室。

除了实验室，还有一间叫地下室。地下室就是说这个角落是你的天地，你要怎么创造都可以，但出了这个地方你就要尊重大家，过正常的生活。要不然父母就不知道什么时候会吃到，或者是喝到很奇怪的东西。家庭变成了冒险乐园，孩子到学校对老师恶作剧，这都是因为他分不清楚实验场所所致。

哪些是生活必需的，哪些不是生活必需的，我们要指导他。小孩刚开始不懂，我们不要骂他，但是不能不管他。一不管他，他就认为也可以，习惯成自然，你要他改他反而很痛苦。比如他要吹笛子，看到人家都买笛子，我们要不要买给他？我们要告诉他，你如果把这个变成生活技能，那是一种用意；你如果把它当玩具，那又是一种用意。两者是不同的。你搞清楚，你如果刚开始只是当玩具，那我们买便宜一点的，你试试看，你不喜欢送别人也可以；你如果将来把它变成一个生活技能，靠它生活，那我们再来给你买好的。他就很清楚，你买一个很贵的笛子给他当玩具，小孩就认为：贵有什么关系？无所谓。这个观念就是从小没有搞清楚。

有人说，不要把家变成冒险乐园，实验室这种创意的地方跟家庭生活的主要场所要分开。但有一个做法是把家里的墙壁统统开放给孩子去画画，这让孩子有涂鸦的机会，可是你近距离看会觉得家里脏乱的很，而且因为这个原因，几年就要粉刷一遍墙，是不是不太妥当？我是比较不赞成把家里的墙壁开放出来的，我赞成你买一个白板，放在固定的地方，你把那个白板开放给他，否则他将来到了社会上去，他一看墙壁就乱涂乱画，糟糕得很。如果是给他一块白板，他就会知道，在特定的情况之下可以创造，不是任何地方都可以，不能违反正常生活。其实画画这件事情本身可以成为一个生活技能，可是如果用的场所不对，或者是让它变成一种游戏，而且是不分场地的游戏，就可能会有不恰当的后果。比如在纸上画画可以欣赏，这是生活技能，可是专门在人家身上画，看到人脸就喷一下，这算恶作剧，这不是生活技能。

教导原则（下）

培养子女基本生活技能要遵守的六大原则

上一节主要介绍了父母在培养子女基本生活技能过程中要遵守的三个原则，即爱子女就要教他生活技能；不要干涉子女的愿望，但要帮他选择最合适的；让子女明白哪些是可以做的，哪些是不可以做的。本节我们再继续介绍另外三个原则。

第四个原则是让孩子在做家务中学习生活技能。从做家务中学是最快的。不要这个时候妈妈都做了，等等再来上一个家务课，何必呢？你就叫他帮忙洗碗筷，刚开始给他铜的、银的、铁的，让他去洗，慢慢再给他瓷的碗去洗，告诉他这个跟前面给的不同，因为这个会打破的，再一边教他洗，让他了解，然后让他从这当中学习生活技能。比如妈妈要穿针的时候，如果小孩已经十几岁了，你说："妈妈怎么眼睛花了，看不见了，你帮我穿一穿。"小孩一定很有兴趣。你不能说："我教你穿针。"他心想：我需要穿针干什么？如果是他帮妈妈他就会很愉快，可是从这当中他就学到了，"原来穿针是这样穿的。"然后你再说："我去烧个开水，你帮我把这两针缝一下。"小孩说："我怎么会缝？"你再说："没有关系，你缝缝看，就这样缝。"他就接下去缝了，很快孩子就把它缝好了，他就学到一招了。他从这当中去学习，怎么会没有兴趣呢？妈妈没有随机教育，爸爸也可以。比如钉钉子的时候告诉小孩："你把锤子拿给我一下，我要爬上去，我如果手上拿东西可能会摔下来。"小孩一定很乐意，然后他就在那里拿锤子，你问他锤子重不重，让他感觉感觉，再问他知道锤子怎么钉东西的吗？接着说："你看看，这样钉的，你现在不要钉，我拿一个小钉子给你钉。"这就是学习到了。

有些父母在做事情的时候都是很严肃地在那里做，好像要急着把事情完成，又怕小孩子在那边吵闹。这样很难兼顾地把这些事情做好。其实当你要做这件事情的时候，你可在心里计算一下时间，本来是3分钟可以完成，但现在要教孩子，所以要花10分钟。甚至你可以把它变成不是你在工作，是在教育小孩，这样更轻松，何必急急忙忙完成呢？**我们现在好像有很多事情要急急忙忙完成，这个对生命是没有什么意义的。**

有些父母会说，先把家务做完，再把孩子叫过来好好地教他做家务。这样孩子就觉得没意思，所以不应该这样做。小孩最喜欢跟大人一起做事情，其实我们也是一样，比如大家一起边聊天边包饺子，结果一看，竟然一会儿工夫就包那么多了。如果你不跟他讲话，叫他一个人包100个，他不知道要包多久。可见，和大人一起做家务，可以让小孩在快乐中学生活技能，这样他就不会感觉到生活技能是痛苦的。很多小孩一听到生活技能就觉得是痛苦的，就是从小留下的印象。那孩子在跟父母一起做，很快地学会了之后，怎么样让它成为一种生活习惯，而不止是技能呢？我觉得刚开始要带，所谓带就是把他当零工一样，你有时候叫他这样做，有时候叫他那样做，不要一次给他太重的责任，他受不了。然后慢慢地，等到他做的差不多了以后，你就借机给他一次承担的机会，他就感觉到原来他不是不行。这个时候你也不能把所有事情都丢给他，整个丢给他以后，他就会想：糟糕，怎么都变成我的负担了。小孩会想的。所以父母要帮忙，比如一个人轮一天，后来说妈妈事情比较多，一个人轮两天。我们不要过分地给孩子这个负担，分寸要拿捏一下。

比如姐姐做这个，弟弟做那个，全家人一起行动，家事一下就很轻松地做完了，不要硬性规定；也不要说用抽签的方式，抽到扫地的人不能赖之类的话，不需要说。用领任务的方式，比如我贴这块木板，他领厨房的哪一个部分，必要的时候两个互相交换一下，比如这个人要考试了，那这个人就去读书，他那块你帮他处理，家里多愉快。现在有些小孩子没有责任感，爸爸叫他，他觉得又找他麻烦了，因为那不是他的责任，如果是他的责任，他就不会觉得这种事情是麻烦，他觉得自己要赶快把它处理完才有自己的时间。这种观念从小要培养，父母太疼小孩，总认为让小孩不做事情是对的，其实这刚好是害小孩。要让他们适当地做，你不让他养成习惯，偶尔要他做是很痛苦的，比如你突然叫他去洗碗，他就会想：又洗碗。因为他很久没有洗碗了，他把洗碗当作一件苦差事，他就真的觉得这样也不对，那样也不对。如果他说："你们吃完没有，今天该我了，今天轮到我了。"他把它变成一种乐趣来做，那就不一样了，那你们家就成功了。而且孩子之间会比赛，会认为"你看我洗得多干净"，但是下一次人家会感觉到说，你看还是某人洗得干净。

其实我从小就很骄傲，因为我扫地扫得最干净，因为我们那时候住的是日式的房子，很难扫，其实很难扫也是最好扫的，反正稀里糊涂就扫过了，可是每一次我把它缝里面的灰尘扫出来以后，我真的很有成就感。做家事也是一种成就，怎么不是成就呢？有人问："那您在小时候帮忙做家事，您的父母有适当称赞您吗？"其实也没有，因为一称赞那糟糕了。他该做的事情，你不应该称赞他，这是他分内的事，本来就应该做的，样样等人家称赞才做，那还得了吗？现在有很多人过度称赞孩子，他特别地表现当然要称赞，他做出不同的东西来当然要称赞，但你称赞他很会吃饭，那算什么话？穿衣服，你今天衣服穿得很好，那是什么话？这样会使小孩永远等着称赞。而且经不起一点点骂，经不起一点点挫折，这更危险。比如一个打字员字打得好这是应该的，你没有理由称赞他。他把你的东西重新给你编制一下，打出来，你看那个旁边留得什么都很好，可以称赞说你这个布局很好，但若他把你文章整个改掉了，你就觉得这个人很奇怪，那又太过了。

如果一个小孩每次扫地都要把家具移位子，父母也受不了。谈到这里我们就要谈一个很重要，而且很常见的事情，父母本来是存心要教导子女生活技能的，结果，他就表演起来了，忘记他的职责是什么了。

第五个原则是你不要乘兴表演。你一表演就剥夺了子女学习的机会，使他完全丧失兴趣。爸爸说："吃饱饭了，我教你骑脚踏车。"小孩很高兴，就跟着爸爸出去了，结果爸爸在那里骑，搞来搞去，小孩一想：算了，还要两只脚蹬到上面去，好像玩特技，我无论什么时候也学不到你这个样子。妈妈也是一样，说："我教你炒菜。"结果自己三两下就炒好了，然后说这个火候什么的，小孩完全听不懂，那叫作乘兴表演，那不是教导，这是忌讳的。

有人问：找一个人来当老师好不好？不好，比如老师教一首歌，他要从头一句一句教，结果那个人一来表演，他一个小时里唱了三四首歌，学生一句也记不住。表演是表演，教学是教学，完全是两回事。有的老师就是完全在表演，他不顾学生的学习情况。我们做父母的，要顾虑到子女的年龄，他的学习能力，还有他的学习兴趣，可是我们老是说着我教你什么，都是自己在那玩半天，玩到最后叫小孩丧失兴趣，那孩子永远学不会。我们也很怀疑有些爸爸买玩具回去到底是自己玩，还是给小孩玩。比如拼机器人，自己在那里拼了半天，最后机器人拼出来了，而孩子怎么弄都弄不出来。所以有些大人是在借小孩之名弥补他过去没有完成的心愿。

第六个原则是要有计划。不可以说我爱怎么样就怎么样，我想到什么就教什么，那个不是子女本位。我们今天讲儿童本位，我们应该想到子女本位，我们是帮助他学习的。今天高兴了我教你什么，明天不高兴我什么都不教，这是不对的。你看一个好的师父按部就班教他的徒弟，没有说我表演一次给你看看，然后我高兴又表演给你看看，弄得徒弟莫名其妙的。子女也常常这样，他能力有限，你一会儿教他这个，一会儿教他那个，他什么都学不会。什么都学不会对他是很大的挫折，他以后就觉得很自卑，没有信心了。所以很多人你怎么教他都学不会，就是在这方面所养成的一种习惯，使得他对学习新东西非常害怕，那这样父母反而是在害子女。我们要有计划，比如孩子几岁我们教他什么，十几岁我们教他什么。春天教他什么，夏天教他什么，把季节也要搞清楚。冬天冷得要死教他游泳，那不是折腾他吗？你为什么夏天不教呢？冬天教游泳让小孩有个错觉，认为只有在冰水里面游泳才叫游泳，那不是很糟糕吗？还有人夏天吃火锅，我觉得这都是不必要的。节令、时令要搞清楚，现在有些人慢慢没有这个观念，其实跟父母有关系。什么冬天吃冰淇淋，夏天吃火锅，搞一些坏花样。

其实父母亲应该很清楚，我们正在为孩子的未来打基础。因为我们现在怎么教，对孩子来说就是为他画了一个怎么样的框，将来他就会变成那个框下面的产物，这也是为了减少我们自己以后的麻烦，否则很多人就会说“我花那么多时间在子女身上不划算”。其实没有什么不划算的，这些时间你迟早是要花的。你现在轻松一点，将来受得折磨就多；你现在多花一点儿时间，往后越来越轻松。很多人这个账没有算过来。但是讲到这里，我们有些地方是要补充一下的，譬如说一个小孩要出国去读书了，我们从来没有让他吃过西餐，那我们应该怎么做？应该在他出国之前带他到西餐店里面，说：“来，我们今天不是为吃西餐的，而是为你到国外去读书做准备的，这样你才懂得怎么生活，我们是来上课的，我也不是很内行，所以我们要特别请服务生来教你。”然后服务生开始教孩子怎么样拿刀子，怎么样拿叉子，一只手做什么，另外一只手做什么，切完再吃还是边切边吃。小孩他就知道了，然后他到国外去，他就能适应，他就不会出错，也不会出错一次之后就不敢再做了。很多人第一次坐飞机才开始用刀叉，结果就东看西看，偏偏他旁边那个是乱来的，他就跟着人家乱来。我觉得这个我们应该教导他，这都应该是有计划的，不是随意的。

比如小孩要出去登山了，那我们在家里就先模拟一下，你到时候住帐篷要注意哪些事情，这是生活技能。生活技能有一些是日常要用的，有一些是偶尔要用的，还有一些是某种特殊情形才用的，就是在活动之前你教他这些知识，他的记忆会很深刻，你无缘无故说我们来演练怎么样露营，那小孩会被搞得莫名其妙，而且会激起他想去露营的意愿，你这是自找麻烦。所以有计划就是配合子女的年龄，还有他的需要，以及他很有可能遭遇到的一些难题，我们事先给他做准备，这样子女就慢慢地会变成一个很正常的人。这也等于示范孩子，对于很多事情未雨绸缪。比如小孩第一次穿皮鞋的时候，我们不妨在家里就跟他说："你等会儿要去试穿皮鞋，你看皮鞋是这样穿的，那等下我们到店里面去，人家叫你试穿，你就照这个样子穿。"他就非常有把握。第一次搞不清楚，被人家笑，那他以后对这个完全没有兴趣，可见，提前示范才是真正爱护子女。这种事情也不是说碰到就会的。我觉得中国人的那句话还是很重要的，**"有心的话你自己会想到。"**我们今天很多人就是没有心，我们一颗心不晓得跑到哪里去了，你说跑到工作上了吗？好像没有，跑到玩上面了吗？也没有。因为分了心，所以就没心了。

我们很少好好做一件事情。你真的好好去玩一下也可以，没有，哪里有好好玩？生怕吃亏，一怕吃亏你就没有办法好好生活了。你看吃自助餐，生怕有样东西没有吃到。你胃怎么能消化呢？吃完再走一圈，然后发现冰淇淋竟然没有看到，又吃了一个，生活有什么乐趣？这些都没有必要，不好吃的东西、不合口味的食物硬塞到肚子里，也是倒胃口。书也是一样，买了回去从不看，也是没用。像这些都是我们应该检讨的，其实你真的用心读一两本书，你就获益无穷。

你看那些练功的，一天到晚学新花样的人，绝对练不出来，你一个动作天天做就有效。很多人一天到晚都在问有没有什么新的？他学的一百零八样功夫没有一样是精的，最后什么好处都没有得到。样样通，最后样样松。那么现在我们要想到，关于子女所需要的基本生活技能，哪些需要，哪些不需要，我们是不是要把它们分开来？这些很难完全区隔开，每个家庭多少有点儿不一样，所以我们现在只能讲一般性的。但一般性你如果讲得很多的话，会使父母压力很大。所以中国人会归纳成几个重要的东西，你把握这几个精神，你自己去斟酌就好了。比如我们说整齐，因为整齐是一种技能，给你个桌子，结果你搞得一团糟。我就看到有些人的那个桌子，你不能动他的，你一动他就找不到东西了，所以他一直跟人家讲："你不要动！"他这个也很巧妙，他自己这么翻一翻，东西就找到了，他的东西是乱中有序。有些人的桌子，本来是整整齐齐的，堆到后来就越来越多，结果人家要找的时候又找不到，因为堆的过程中没记住它在第几层。当然，这是比较特殊的。当一个人同时处理好几件事情的时候，难免会出现这种情形。但是一般人，他没有这个需要，没有这个需要的话，他就应该用完了归原位，要把它保持整洁，这个要从小养成习惯。

教导重点

子女必须要掌握的四种生活技能

生活技能包含的内容较多，哪些是必须教的，哪是是不用教的，我们很难一一列举说明。更何况，每个家庭的具体情况不一样，家长所重视教导的生活技能也不完全相同。但是，我们归纳出四类生活技能，它们普遍而重要，是每个孩子都应该掌握的，也是父母教导的重点。

生活技能里面第一个，也是最要紧的，整齐。穿衣服要整齐，给你的位置要整齐，你所使用的东西也要弄整齐，我觉得这是通用的。

生活技能第二个，清洁。干干净净的，自己舒服，也不会影响到别人，这个跟身心健康都有密切的关系。清洁、卫生，不管是公家的，还是自己的，只要是你使用过的，你就要把它弄干净，这就没有事。

生活技能第三个，合适。什么叫合适呢？就是说如果过度追求舒适的话那就惨了。舒适，还有更舒适的；豪华，还有更豪华的；昂贵，还有更昂贵的。那就很苦恼了，可能就会天天换家具。我到你家一看，你是牛皮的沙发，一想糟糕，我那个是什么东西，回去换了；又到他家一看，进口的，回去又换了。那还得了，不能比的。合适就好。合适什么？合适你的身份，合适你的居家环境。你住一个老旧的房子，用非常豪华的家具只会更显得这个房子旧，不好。所以合适不合适是每一个人自己要去衡量的。我们始终认为，不要让肉体太舒服比较好，因为太舒服会越来越懒，越来越没有抵抗力，越来越虚弱，这对自己不利。我们让自己的身体受点苦其实是锻炼它，反而更好。你看你睡软的床，睡到最后变成软骨头，真的完了。我就非常反对睡软的床，木板床太硬了，可是稍微有一点点弹性的，有点软度的就好了，不要搞得很软，对身体也不好，而且你到别的地方一睡是睡不着的，你会不习惯。

生活技能第四个，安全。生活技能必须是要保护自己的，你折磨自己，把自己骨头弄断了，把自己颜面搞得不像人样，这就没有意思，伤父母的心，而且对自己来说也是一种痛苦，所以安全很重要。

安全、合适、整齐、清洁，我想这是通用的东西。八字真言，很好背。抓到就知道怎么办了，马上立即判断。

那我们要把那些不需要的也列下来，比如说不可以随便拿人家东西。小孩刚开始没有“你的我的”观念，没有所有权观念。所以我们也不能说，第一次就把小孩当小偷，那不好。也不能说小孩不懂，不管他就养成习惯了。所以第一次他拿别人东西，我们先是不动声色，也不能过太久，过太久他就忘了，一般是过几分钟告诉他：“你刚才拿的东西是谁的你知道吗？是阿姨的，你拿了以后她找半天了，好着急，以后你要拿事先跟她讲一下，阿姨那么疼你，她应该会给你，如果阿姨不给你的话，那就表示她需要，你就不要拿。”这样小孩慢慢就知道拿东西之前要问人家一下，然后慢慢就知道，这是有所有权的，长大以后就知道有著作权。这是一步一步来的。

小孩做错事情找理由搪塞也是不好的现象。找借口规避一下，然后认错，把它改过来这是很好的，也不要一开始就很容易认错。比如一打破玻璃杯就跑到妈妈面前立正说：“妈妈，我错了，我打破了玻璃杯。”不要做到这个地步。如果他说：“妈妈，我不小心打破了，不是有意的。”这是很好的借口。这不算什么好的借口？难道他要承认他有心打破你才高兴吗？如果他要说：“妈妈，我没有看到，不小心踩到的。”那你可以说：“好，没关系，下次小心一点。”你不能说怎么没有看到，也不能说你又骗人。要考虑到人情的一面，他找理由不认错、搪塞，这是不可以的，他找理由下台阶，但认错就好了，这当中要拿捏好分寸。

最可怕的就是出去要以他为中心，你不注意他，他就哭闹。你一定要注意纠正他的这种行为，不然这个小孩将来很可怕，将来到哪里都是小霸王一个，而且是不讲理的。大人忙的时候，小孩应该自己安静一点，要什么好好讲，大人适当的时候注意一下他，不能说完全忙着不注意孩子。可是也不能只要眼睛不看他，只要不跟他讲话，他就开始哭闹，那就糟糕了。小孩不能以自我为中心太严重。有人问，可是这怎么做到？孩子你不看他，他就是要哭的话你怎么办？孩子很小的时候妈妈就应该预防，说："你在这里看书，妈妈去厨房一下。"结果你很快就来了，小孩就不会怎么样。如果他哭了你就说："你不要哭，因为你哭了妈妈就不能回去，妈妈不回去大家都没得饭吃，要不然你跟我一起去厨房好了。"他慢慢就会选择说："那你去，我坐在这里就好了。"一切大家慢慢商量，找到一条合理的路，小孩很自愿。

不可以孩子一哭就赶回来。很多父母就是小孩一哭他就回来了，小孩就会认为哭有用。只要他哭就把你叫回来了，就是父母没有弄好。你也不能说走就走，因为小孩没有准备好，要让小孩一开始养成好习惯，这也是生活技能。像单独自己读书也是生活技能，有很多人不行，看书一定要找伴，干什么都要找伴。**可以跟人家合群，也可以自己独处，这都是生活技能**。早期的时候一定是父母亲陪着，然后慢慢再松手，慢慢再离开。所以父母如果在这个细节上照顾到，小孩应该是会得到一个比较好的判断。所以需要跟不需要就是这样区隔开来的。

我们需要的就是整齐、清洁、合适、安全，这四个必要的。那不需要的也是三个重点，第一个，自我中心太重，样样以他为中心，这个要想办法去改变；第二个，就是做错事情不认错，一定赖到底，这个很危险；第三个，随便拿人家东西，这也是很可怕的，小偷、强盗都是从小时候养成习惯来的，要尊重别人的所有权，就不会去抢人家的，现在有些人都说我只拿一点点，也没有拿多。一点点都不行。真正把这些重点做好，他就抓到了分寸，坏不到哪里去。其他的小事情，也要留一部分让他去摸索，父母不可能跟小孩一辈子，你样样讲得很清楚其实也不好，对讲不清楚的部分他就不知所措了，我们只能抓重点，在某个范围之内，让他自己去尝试，我们要不断地跟他沟通。

第九章　怎样培养孩子正确的生活观念

人是有观念的动物，有什么样的观念，就会产生什么样的行为。所以我们判断一个人有没有教养，其实就是看他父母当初给他培养的观念正不正确。如果父母本身观念不正确，那他们所教给子女的也是一些不正确的观念。

正身立己

教导子女堂堂正正是父母最大的使命

这一章我们来讲怎么样培养孩子正确的生活观念。那为什么我们要有正确的生活观念呢？人是有观念的动物，有什么样的观念，他就会产生什么样的行为。所以我们判断一个人有没有教养，其实就是看他父母当初给他培养的观念正不正确。其实最主要就是父母本身观念要正确，对不对？如果父母观念不正确，那他所教导给子女的也是一些不正确的观念。

比如说别人的东西，人家没有看到，你就拿回家去，这是不对的。可是我们发现有些妈妈的确有这种行为，趁人家没有看到，拿回家，然后赶快收起来。如果有人发现就丢掉。还有叫孩子去挤公共汽车，说："你先上去，你挤到坐位以后不要叫我，我自己会过来。"父母有这样的行为，带出来的孩子，将来的观念和行为可想而知会多恶劣。所以我们一再说人是自作自受，但是为什么自作自受不会走上个人主义？就是因为自作自受有很多事情会跟别人发生牵连，父母自作自受是说怎么教导子女，将来到晚年，子女就来怎么对父母。可见他还是会跟子女发生互动。子女自作自受，也是看他童年的时候父母怎么对待他。每一个人都有他专属的自作自受，可是彼此还是互动的。所以自作自受既不是集体主义，也不是个人主义，应该是这样比较正确。

有人会说观念有没有受到学历的影响，是不是学历高的观念就好？我们可以从事实看，答案是不见得。我经常从计程车司机的嘴巴听到这句话，他说："你看前面那个开车的人不守法。"我就故意讲："他不守法，他哪里不守法？"其实他不是不守法，是他脑筋不清楚，比不守法更严重。中国人一开口就说人家脑筋不清楚，脑筋不清楚就是观念偏差。然后司机还加一句话："读书有什么用？"我说："你怎么知道他读书了呢？"这个很妙。他说："你看那个开车的人那么斯文，可见他读了一些书，但是他就做这种事情，所以我才说他脑筋不清楚。"可见这个计程车司机的脑筋还是蛮清楚的。他的意思是说，对方就算读过书，学历高，但是脑筋不清楚，观念不清楚也没有用，读了半天读死书，所以观念跟学历其实没有太大的关系。反过来讲，如果有人书读得不多，但是只要有好的生活习惯，同时有正确的观念，你还是可以来好好地教孩子，而且照样做一个堂堂正正的父母。

教导子女堂堂正正，我想这是父母最大的使命。因为人类的延续就是靠这个。现在的父母动不动就教小孩很多很现代化的观念，什么自由、民主、平等，这些都是没有必要的。有人问，没有必要的理由在哪里？

小孩怎么懂得什么叫作民主？他还太小，完全不懂。民主是政治术语，大人都不能理解透彻，更何况是小孩子？所以这些离孩子们太远的东西、太抽象的东西，在孩子很小的时候，还是不要教比较好。可是有人会说，我们可从几个小朋友来试试看，就是说少数服从多数，这就是民主。那是玩家家酒，实际上很多事情，他慢慢长大，他自己去体会，比我们灌输给他要好。我们父母很希望子女快速地成长，这本身就是一个错误的观念。因为人生是个过程，他童年要有童年的样子，他才愉快，最起码他的一生当中，不管怎么样，他有了童年这样一个快乐的过程。我们现在都是让孩子快速地成长，变成一个小大人，你看现在小孩子讲很多话都跟大人一样，没有意思，我们剥夺了他童年的乐趣，他们就不天真了。为什么父母有时候跟小孩子要讲一些天真的话？不是叫老天真，而是说帮助小孩享有天真的一刻，这才是替小孩想，也是孩子难得的际遇，他一辈子只有在这个年纪当中，能够保有天真的时光。

比如孩子小小年纪父母就让他选班长，或是选什么，有没有必要？我觉得没有必要。你说这样长大他就会民主，我也不相信。可是老师会说，如果现在不选的话，将来参加保送恐怕就要落榜。现在又多了这项标准。都说你得做这个干部才行，怎么办？那就四个字，干脆不选。那就还是考试。这种事情迟早是要改变的，不是说现在这样大家就很满意。所以小孩子，我是觉得跟生活有关的一些观念，我们要提前把他端正过来。

比如说做一个人要诚实，这是很重要的。我们要尊重别人，不能说这个我爱拿就拿，尤其是那句话是最要不得，“只要我喜欢，有什么不可以？”小孩喜欢什么他就拿回家，那以后还得了。还有一些小孩，他欢迎小朋友到他家，但是他会讲：“这是我最喜欢的玩具，你不要动，这是我常常玩的玩具，你不能玩。”这样的话父母就要开始教导他，说：“你请人家来，他就是你的客人。客人你就要好好待他，不然以后他不来了。你这个也不让碰，那个也不让碰，他来做什么？”但是的确有很多小孩他有这种想法，这是我最喜欢的你不要玩，你玩那个我不喜欢的。是不是？然后他到别人家又说，你喜欢的我也喜欢，我也要玩。你看双重标准很自然地就产生了。所以不可以有双重标准。当然了，有时是难免的，只是程度上我们要加以调整一下，任何人其实都有双重标准，我觉得这也是很自然的。不过要有合理的程度，父母不要骂他，但是要引导他，说：“下一次人家到你家，你也让他玩你喜欢的有什么关系呢？玩具还是你的。”这样小孩子慢慢地就懂得了，要有分享的观念。所以那个分寸到最后他就会拿捏了，不然现在小孩都走极端，要么就是我都给你，要么就是一个也不能动。这样的人将来他长大自己也很辛苦，跟他在一起的人也很痛苦，尤其是他老婆特别痛苦，邻居也痛苦，都痛苦。

比如吃东西吃到什么地步，这也是生活上的观念。很多大人带小孩去吃自助餐，总是让小孩多吃一点，不然觉得划不来。像这个观念根本就是错误的。所以我一直很感叹说：“现在的人根本不会吃自助餐，哪里会吃自助餐？”那个你没有吃过，赶快去吃，还有冰淇淋，你刚才没有看到，现在赶快去吃，最后再来一罐红茶，搞得不晓得怎么叫作吃东西。其实自助餐是多样化让你选择，你喜欢的那少数几样都能吃到，这样才叫自助餐。我们要有正确的生活观念，还要明白其背后的一些节奏跟次序。

我有一次看到大人带小孩去吃自助餐，他满盘装的都是同样的东西，比如说他喜欢吃这个顶骨牛排，拿了一块又一块，堆一盘。还有那个很大的生蚝，一次七八个。那小孩就不知道这是怎么回事，因为这个时候父母只想到利害关系，没有想到教导小孩的那一面，这是坏榜样。那小孩一看的话，他就形成一些观念，就是说我喜欢的，我就统统占为己有，我不管别人的，是不是？还有哪个贵我就专吃哪一个。像这些观念其实都是父母不知不觉当中灌输给小孩的。父母有时候看孩子夹一些比较便宜的东西，就跟他讲："不要夹这个，这个那么便宜，划不来。"全部都是用价钱来衡量，而不是以喜好。你喜欢的不管别人要不要吃，整个先把它拿回来。所以我们看到很多人在吃饭的时候，他先把水果放一盘在面前，他先占了，怕等会儿没有，这就很难看。这样一个小孩将来形成的观念就是说我先下手为强，完全不顾别人。这个糟糕在哪里？他将来心目当中没有父母。我现在最惊讶的就是，我们的父母居然会自我牺牲到这个地步，全力培养子女心目当中没有父母的存在。

如何让子女心中有父母的存在

有父母问，孩子凡事只想自己，从不将父母放在心上，更不会体谅父母的辛苦，搞得好像是无父无母一样。为什么会这样呢？这就是孩子心中没有父母的存在了。其实想想看，生活中经常能看到这样的事情。

比如一个小孩，他去麦当劳，他只说我要什么，他不管别人要什么。然后他交了个女朋友，整天拉着女朋友的手，看不到父母的存在。中国人不是不会男男女女拉手，谁不会？只是父母在，我们不方便，我们心目当中有父母，我们两只手是用来替父母做事情的，不是两个拉扯在一起的，这都是观念问题。比如父母在旁边，你们凭什么两个人拉得那么紧，你们在干什么？那就表示说这个天地只有你们两个，父母是多余的。你的手、你的心都没有空的话，那你怎么能够去孝顺父母呢？那父母手里拿两个东西，你在那里两个人手拉在一起，就变成了“废物”。可是孩子没有这种感觉，因为他不懂。然后父母也宠着他，也不说。有些父母也觉得时代不同了，孩子们这样正常。什么叫时代不同？人还是人，有什么时代不同？

有些人去吃东西，他只点他自己的，甚至父母还跟他讲：“你要什么你点，不要客气。”那还得了，这些观念统统是错误的，**孩子有心无心我们不去管他，最后就是自己害自己**。一步一步把自己跟子女拉得远远的，一步一步造成子女不听你的话，一步一步造成子女心目当中只有他自己的存在，没有别人。可是父母会说，“那我关心孩子吃什么，我让他点有什么不对呢？”因为小孩子不能养成“我有自主权，我爱这样我就可以这样”的观念，他要顾到别人。所以重点是让他心里面有别人。比如他什么时候自己赚钱，他都还不能够说爱吃什么就吃什么，何况说现在他的钱还是父母供应的，像这种观念应该及早告诉给他，要不然他到公司里面去，他爱做什么就做什么，爱用公司的什么资源就自己去用，他就完全没有想到别人，爱买什么他就买了，那还得了，那真的会出问题。

你看像我们去吃东西，我们会有节制，虽然口袋有钱，也不能爱吃什么就吃，不行。比如我们喝一碗豆浆，还想再来一碗，可是一想，这样下去会养成坏习惯，会把肚子撑坏，有什么意思？不要不要，我们会自己控制自己。所以我们并不会因为口袋一时有钱，就想到多做一些事情，而是想到长久习惯的问题，但是小孩不可能有这种观念。这一定要父母教他，跟他说有时候跟钱有关系，有时候跟钱是没有关系的，现在小孩都没有这种观念。你看现在的青少年就是说，“我口袋有多少钱我就花光为止，没有钱我刷卡，无所谓。”这就是他的观念问题。还有人说别人有我怎么可以没有？这种观念也是非常要不得的，是不是？

你看父母常常讲，别人有的东西，他也要有，然后就买给小孩，为什么？不要让他丢脸，其实是父母自己怕丢脸，小孩有什么丢脸的。是不是？小孩说：“爸爸，人家有那个，我怎么没有？”那我们可以告诉他，“你有几颗牙齿？那他有几颗牙齿？那你多的牙齿要不要给他？”你从孩子小就要告诉他人与人无法比，比什么呢？人家住什么房子，我们住什么房子，对不对？甚至说你搬去总统府住好了。家境不同，孩子平常的穿着打扮一定不一样。有些父母就很强调现在社会上流行的一些现实主义观念，比如说先下手为强，有些父母说这个很好，在商场上要成功就是要这样子。可是我们教导孩子是为让他养成一种性格，将来在事业上能够有所成就，难道就是教导他这种先下手为强的观念吗？是不是说把一切资源都占在手里就一定会成功呢？其实我认识的很多成功企业家都痛苦不堪，他们先下手为强占有很多资源，他们应该很快乐啊！结果一点不快乐，他们心里头很明白，他们只是先下手为强，除此，他们毫无价值。

譬如说，有些公司在外面听起来非常好，可是管理一塌糊涂。怎么会这样呢？因为他没有时间去重视管理，他只想把业绩做好，只想把规模做大，只想把名声打出去，他不择手段，这就是先下手为强所造成的。所以很多人总觉得一个人很赚钱，可见他管理很好，不见得，这是他内心一种不能解除的痛苦。所以让孩子从小养成这种先下手为强的习惯，并不见得会让他的人生更加顺利。我们**给小孩的生活观念，最主要是让他有一个愉快幸福的人生**。这个很重要。很多事情能够做到以下四个字的话，那就很愉快了，“适可而止”。

赚钱适可而止，奋斗适可而止。你看现在人完全奋斗就是在折寿，不是添寿。明明可以活七八十，结果四十几就走了。一般人的观念就是说什么呢？能赚赶快赚，以后没有了，这种观念怎么要得？好像没有明天一样。趁现在能捞上一把，因为以后就算有能力也没有机会，这种观念就是跟自己过不去。那就让自己更痛苦。但是我们听到过太多这样的观念，就是当年父母不小心所造成的观念偏差。

可是你看，现在很多父母都相信孩子不要输在起跑线上，像这样的话，他们就很功利的，然后很强调世俗的成功，就对于孩子的愉快、健康完全不在乎。这样一来，这个小孩子长大以后，他心目当中就没有父母；他越懂事，越觉得父母为什么当年不好好教他，所以就有疏离感。小孩会想：都是你没把我教好，让我这一辈子走得这么辛苦，是不是？所以我们现在应该提出一些比较正确的生活观念，大家来探讨探讨，而且每一个人也都反省反省。如果有偏差赶快去补救，其实还来得及。

第一个，我们觉得就是要好学。我们今天讲终身教育，其实就是很古老的名称，就是好学。一个人好学，就算没有学校，你自己也可以读书，学无止境，而且你不需要为文凭学习，一个人一定要有好学的观念，随时随地认真地学习。**这个学习还不见得只是看书，也包括跟人的相处，活的知识其实更重要**。所以孔子说“三人行必有我师焉”，对不对？三个人在一起，你学人家的长处你就是在学习。他没有说三本书必有我的一本书，他的意思是三人行就有我的老师，是不是？真的，一个人只要肯学习，到处都是学问，好学非常重要。好学这个观念，如果小孩得到以后，他就会形成一个随时随地学习的习惯，这是他最大的保障。谁也抢不走，这是一生的财富。

第二个，我们要提出来的是知耻。你看我们很少说什么守法，我们都说知耻。知耻就是要有羞耻心。你看有些人骂人很难听，叫作不知耻。其实，我们如果跟不知羞耻的人在一起会痛苦不堪。知耻不是说我不犯错，那是不可能的，只是我犯了错以后，我会赶快下决心把它改掉，重点在这里。不二过就是知耻。今天有些人到处跟人家道歉，凡是道歉几百遍的人就是不知耻，我讲这句话讲得很重，意思就是你根本没有悔过。

比如我撞你一下，了不起去道歉一下就算了；我打你一下，又说是看错了，抱歉抱歉，打错人了。社会上有很多这样的人。有些人把这些人称为不要脸。不要脸就是不知耻，这是一样的话，只是很多人没有把它搞通就是了。所以中国人认为这句话很难听。一个人到了被人家骂不要脸的时候，那还有什么价值呢？脸跟面子其实不一样，不要死要面子不要脸，那是最糟糕的。光顾着这个面子，根本不要脸，就是不知耻。不要太计较面子，这和要脸是两回事。要脸就是讲理，但不要脸就是不讲理。所以知耻就是要遵守道理去做，按照道理去跟人家互动，这样就叫作要脸。所以爱面子爱到不要脸，就是爱面子爱到不讲理的地步。那是莫名其妙，也是不择手段的爱面子。

以身示范

这些观念如果不及早培养，会害孩子一生

观念正确，行为才不会偏颇。要想孩子一生幸福、愉快，就要及早培养孩子正确的观念，并有意识地教导孩子抛弃错误的观念。那么，哪些是正确的观念？哪些是错误的观念？下面将为大家一一说明，**人生最重要的是求上进**。求上进不是说要赢人家，我们今天一直在灌输这个赢的观念，其实是很糟糕的事情，你干吗赢别人？你看《孙子兵法》讲不求胜。不求胜，就是我不要赢你，你老赢别人干吗？你不要输就好了，不要输也不要赢。因为所谓的没输赢，其实是很很高的境界，没输赢就是说你赢了还要顾虑输的人的面子，这样才叫作要脸，这是一个很深的学问。我今天赢到别人没有面子，那我到底是要脸还是不要脸？自己要考虑考虑。我们动不动就讲双赢、三赢、四赢、五赢，这些观念将来都是危害子孙的。

有人说，双赢不就是你我都赢，就没有人输了不是吗？那是不可能的。因为我们的阴阳观念不可能相信这种事情。所以双赢只是一种美化的说法，并没有真正达到那个效果，你怎么讲他都不会相信的，他会说你们这些人又在玩弄文字了。中国人讲没输赢，其实当然有输赢，不可能没有输赢，一出手就见真章了。为什么显得没有输赢呢？没有输赢就是赢的人，你要去顾虑输的人的面子，这个很重要，给人家台阶下。你逼得对方没有路走的话，对自己也很不利，那你就会变输了。到时候不小心的话，很多人就会恼羞成怒。**赢了眼前，输了未来**。为什么人生老是起起伏伏，

就是有输赢，有输赢就是起起伏伏，没输赢他就很平静。你这次让给别人一点面子，别人下次也让给你一点面子，下次碰到你不逼得太紧，你就占便宜了，否则你看现在有些人24小时都要穿防弹衣，像我们就不必穿防弹衣，就是因为我们给人家留余地。所以不可以逼人太甚。不要赢，你赢干什么，是不是？你一讲赢对方就没有余地了，双赢根本是不可能的事情。比如我的钱明明跑到你口袋里去，你怎么说双赢，对不对？所以你看会做人的人，打牌赢了，他会拿一点出来请客，对不对？今天这场上，你又把我口袋里的钱赢掉了，然后吃东西还要你出一半，我出一半，那你算什么？你吃的也是我的钱，搞清楚一点。特别是这种输钱，有时候总觉得那个钱还是我的，你正在用我的钱请客，我心情很不舒服。

有一个案例，有一个人把多的利益再退还给他原来的客户，这是双赢还是为了什么？他是什么样的一个观念？这是有时候你帮我，有时候我帮你，这个也不是双赢。双赢就是两个人财富都增加了，那才能够叫双赢，那两个人财物都增加了，第三者就倒霉了，那一定有人倒霉。因为他这个东西总量是一样的，只是一来一去，有时候这样过来，有时候那样过去，那么你要把它摆平的话实在很不容易。如果当事人只有两个人，一定是有输有赢。如果两个都赢，那一定有第三者输了，一定是这样子，这个是互相的，就是说你这个时候比较吃亏了，我跟你分担一点，意思就是说下次我吃亏倒霉的时候，你也分担我一点。所以还是赢，让对方少输一点而已，只是这样弥补一些而已。心理上的安慰大于物质上的补助，经常都是这样的。如果父母能够从孩子小时候就抓住重点，**教育孩子好学、知耻、上进，那小孩基本观念就很正确**。

通常父母亲都是教导孩子好学、知耻、上进。我是觉得做榜样给他看比较好。**第一个，给孩子做出好学的榜样**。比如说客人走了，你就开始骂客人，那小孩就认为世界都是坏人。比如客人走了，你就开始讲这个人他有什么长处，你一直想跟他学什么，你不用教，小孩就知道任何人来了，都可以从他身上学到一些东西。

我们发现大部分人都是客人刚出门就开始骂，那小孩就知道，没有一个好人，社会上都是坏人，连跑到我们家来的都是坏人，外面到处跑的都是坏人，满街都是。

第二个，父母也要知耻，给小孩做好知耻的榜样。你不用跟小孩道歉，夫妻之间就可以讲："我今天很不好意思，我居然没有看到，那个人他端茶给我，我两只手拿东西，根本就没有手去拿，真不好意思，以后我要把东西摆下来再进去。"小孩就懂了，父母也会做错事，他也在反省，他还在改进，何况是我。所以孩子的知耻是从父母身上学来的。

父母做给孩子看，不要老讲给他听，我觉得这句话父母要常常记住，你尽量做给小孩看，少说给他听。我们现在每个人都是嘴巴很会讲，没有人做得出来。很多人都是靠一张嘴巴吃饭，靠一张嘴巴扯，很会扯，行动上完全是两回事。

第三个，父母自己做好上进的榜样。如果父母回来就打牌，回来就看电视，回来就睡觉，那怎么叫上进呢？有的父母上进变成了上镜头，一天到晚就照相，到哪里就带一大堆照片回来，小孩看你就是上镜头，你哪里是上进？我们上进，就是说礼拜天，最起码保留两个小时看看书，其实你晚上看看书，就上进了。然后有什么新的东西，夫妻交换一下，主要是讲给小孩，让小孩了解，你看我们年纪这么大了，在社会上工作也这么繁忙，我们还在求上进，这样就够了，小孩自然就会学。有的时候先生跟太太都会彼此误会，比如太太讲先生不好，没有办法把孩子带好。后悔没有用，要用实际行动来改变，不是太太的问题，也不是先生的问题，是双方的问题，因为夫妻是"唱戏"，观众是子女，怎么样把这出戏唱好才是关键，有时候把观众也拉进来客串客串，子女就有参与感，先让子女当个临时演员，慢慢再练习当配角。我们常看到一些不正确的生活观念，我们也顺便提一下，这些是应该避免的。

第一个就是样样不要输给别人，这个是不正确的。这样小孩会痛苦一辈子，样样争强斗胜。人有长处就有缺点，你怎么可能十全十美呢？不可能，这个不叫作不认输，我觉得不认输其实是很好的现象，但是一定要不输给别人，那就糟糕了。不认输指的是我输了但是我不认输，我还要继续奋斗。不是说我一定要赢，我绝对不能输，那还得了？弄清楚一点，就是说一个人心里头要不认输，因为一认输志气全没有了；可是不认输，不是说我一定要赢，我就不能输给人。不是这样子，只是说我知道这个事实，我现在落后了，但是我是不认输的，为什么落后一定要认输呢？比如我这次没考好，没考好就没考好，我要接受这个事实，但是我还是不认输，因为我总有一天表现得好，人生是很漫长的，又不是说我这次输我就一辈子输了。所以这背后有不放弃的味道在里头，不折不挠，也就是上进。

你到新加坡去你会发现，新加坡人就是怕输的。怕输其实也很好，一个人如果连输都不怕，那输就输吧，这个人就没有志气。可是怕输、不认输并不代表我不能输，哪有不能输的？输就输吧，那我不认输是可以的，这两个要把它分清楚。

第二个就是人家有的我一定要有，没有就没有面子，这种观念也是要不得。你有的我们有，我有的你们有，他有的我们两个都没有，这很正常。

第三个比较严重，凡事马虎，得过且过，这个很麻烦。这个一辈子没有出息，这种观念要及早把他改变过来。不做则已，一做就要认真，这才是正确的观念，这样才叫求上进。你看尤其是带小孩到外面吃饭的时候，小孩吃完要收拾桌面，父母就说："你收拾它干什么？那关你什么事？对不对？钱都花了。"父母经常有意无意地这样讲。你走了，别人来是别人的事，像这种无意当中就让他有一种得过且过的观念。能够去管理自己用餐的范围，把它收拾好，这也是一种态度。养成好习惯，养成好观念，这个跟吃亏不吃亏是没有关系的。但是很多父母他就是这样，回家你要给我整理，在外面，干吗？为什么我们老没有公德心，其实就是观念所造成的。认为外面都是脏的，只有我们家是干净的。

比如说有些孩子在外面，他可能是因为菜点太多或别的原因，他饭就吃不下，那父母有时候说饭不吃完没关系，但跟孩子说话要附带一个条件。要这样跟孩子说，“以后你如果吃不下的话，你要事先讲，我们就不要点这么多了，但是现在已经点了，你又吃不下，也不要勉强，免得把身体弄坏了。”它这是不一样的层次，所以要说清楚。不能说不吃就算了，走了，这就叫马虎，做父母本身就是马虎的，点的时候随便点，不管吃多少都乱点。要养成小孩点菜之前先想一下、同时尊重一下别人的习惯，大家点得差不多了，那你就不要点了，你要什么你偷偷地问妈妈一下，说妈妈我想吃什么可以吗？人家会把现有的菜减少一样，还一道你要的，你有这个权利，但是要尊重最后的决定。这个小孩从小就培养了这么正确的观念，他长大后就是堂堂正正的人，他就不会被困扰了。他考虑到他自己所谓自作自受，但是也想到别人，在互动当中自作自受。自作自受不见得都是不好的，比如你自己做了一个蛋糕，然后享受它的美味，这同样是自作自受。

大家不要听到自作自受，就以为都是负面的，是咎由自取，不见得。因为我们常常用这句话来骂人，“你看自作自受吧”，所以才会形成这样的观念，这又是很好的例子。明明一件好事，都变成坏字眼，那也不对，这样的案例很多，它都是有两面意义的。所以也不是误用的问题，而是说很多中国人的说法都是有两面意义，如果只想到一面，那就是一厢情愿，那就是断章取义，那就是书没读透。

原则先行

培养正确的生活观念，这几个原则不要忘

观念就是知道什么好，什么不好，显然这和原则不一样。方法论是用来指导行动的做法或是原则。是的，方法论其实就是原则。在谈到帮助孩子培养好学、知耻、上进的观念过程中，我们要坚持以下原则，也就是要熟练应用以下培养观念的好方法。

第一个，我们要让子女感觉到我们是爱他们的，所以才这么认真教他们，这是前提。有的小孩觉得妈妈讲话的时候很啰唆，爸爸就有责任提醒他："妈妈这几句话是很重要的，她是为你好才告诉你，你看她为什么不去告诉别人的小孩。"爸爸唠叨的时候妈妈也有责任跟孩子这样讲。现在有些人不是这样，现在是爸爸讲小孩的时候，妈妈就骂他："你那么啰唆干什么？你把你自己管好就好了，管什么孩子。"妈妈一开口，爸爸就说你懂什么，对不对？那这样子的话就是两个人把力量抵消了。让小孩无所适从，你们到底怎么回事？

父母应该互补，你一发现小孩好像不耐烦了，就说你不要不耐烦，我小时候就是我父母常常跟我讲，我才懂得了一点道理。而且这个话还不能够自己讲，要另一半帮着讲才有效，自己讲真的没有效，自己越讲小孩越反感。而且另一个人讲的一个好处就是让孩子知道父母的态度是一致的。这个很重要，就是说他无机可乘，不要想钻漏洞。

我们让小孩子感受到爱，而不是嘴巴一直讲爱，中国人很少把爱挂在

嘴巴上，主要就是你一讲出来，你就没有心去散发你那种爱的感应。对方用耳朵听，他也不会用心来感应，这就得到了很少，失去了更多。有些人不了解，我们中国人强调的是心，不是强调口头，他们以为是我们嘴巴不会说，所以造成大家都感受不到，其实这不是重点。其实是爱你在心口难开，一句话就讲出来了，怎么会难开呢？而是你一讲出来以后，对方只注意到听而已，就会慢慢地没有感受的能力了。中国人是你没有讲我得到更多。老外都要靠嘴巴讲，你没有讲我就要跟你离婚，因为我没有听到，要听到才算数，不是用感受的。我们人与人之间很重要的就是感受。

比如我跟某人在一起，我感觉他对我很好就够了。别人怎么讲我都不会相信。我们人有两种能力，一种是自觉能力，一种是感通能力。“他心通，自心通。”其实我曾听朋友讲过一句话，我觉得很有意思，他说怎么叫神通？你会拿筷子吃饭就是神通了。你看有的人就不会拿筷子吃饭，世界上很多人不会拿筷子吃饭，学半天还不会。我们就能用两根棍子，轻轻松松把食物夹进去，这不是神通是什么？所以不要小看自己的神通，尤其中国人的体会非常强的，谁对你好谁对你不好，不用说你都很清楚。所以我们不要把心灵的这种力量，这种神通放弃了，也不要忽略掉，也不要把这种力量通俗化、肤浅化了。

第二个，我们要避免长篇大论的说教。因为什么呢？因为没有人喜欢这样子，你看我们一上课堂为什么老打瞌睡？这就证明，如果家里头也像课堂一样，那他整天在这里睡觉。睡觉都算乖了，那如果他不想睡觉，要顶你几句的话，那你也没办法。所以不要说长篇大论，因为真正的要点就那么几句话而已。不需要从头到尾帮他复习一遍。老师是不得已的，他为了要赚钟点费，只好在那里讲，讲到下课为止。父母不需要。而且不可以说我们是家人，我们就没有礼貌，不可以。家人有家人的礼貌，外人有外人的礼貌，都要有礼貌，夫妻也要相敬如宾。我们常常有个观念，认为自己人，干吗这样子？一家人，客气什么？这些观念基本上都是不对的，对家人要有家人的礼貌，对长辈要有长辈的礼貌，对邻居要有邻居礼貌，要分亲疏远近，不一样。你看对警察有对警察的礼貌，现在有的人是看到警察就说，“只要我不违法，你能怎么样？”对不对？那这根本就是失去了自己的一种本分。人家警察也很辛苦，他替我们做了很多事情，我们最起码看到他，我们表示一下他辛苦了，也是应该的。你不用讲，他也知道，何必一定要跑过去一本正经说：“警察先生你辛苦了。”他就瞪你两眼，因为他觉得你这个人有神经病。他看看你手上有没有拿什么东西。他心里想：你不讲，你的态度我就知道了，你何必讲？我又不是外国人。中国人感受得出来的，他一看你的眼睛，他就知道你是不是不屑于他干这行。

第三个，**就是说脾气不好的时候，心情不好的时候，甚至发怒的时候，不要叫小孩的名字**。比如你平常叫他名字的时候都是很悦耳的，他就会对他的名字有好感，他就会对他的名字有信心。老实讲名字是一个人一生的一个符号，跟他是非常密切的。每一次听到人家喊名字的时候，都是一种鼓励，是一种信心，这个就是姓名学里面最好的东西。如果是平常听不到他的名字，一听都是很火大的时候，那他对这个名字有什么好感呢？就会想要改名，最好把姓也改了，那麻烦了。可是很多父母在生气的时候，忍不住都会叫孩子的名字。很多父母平常反而不叫小孩名字，一生气就把他名字喊出来，那就表示说你对他这个名字其实是非常痛恶的，深恶痛绝才会这样。所以我们要养成习惯，心情好的时候多叫几次他的名字，心情不好、脾气不好的时候，你不要叫他名字，这个才是对小孩真正有帮助的。

你看狗就好了，狗你一发脾气它马上知道，因为你叫它的声音就不一样了，你每次都是用那种声音叫狗的话，这只狗也很暴躁，它脾气跟你们家里的人都一样。**我们尽量要让小孩子在一种愉快的气氛里面长大，然后你给他什么生活观念他就比较容易接受**，因为你给他的观念，他所学习到的榜样都是给他愉快的。如果说你给他的东西，他都产生了不愉快的效应的话，他自然就会拒绝，所以整个家庭气氛很重要。

我们为什么老说和为贵，其实是珍惜和气的气氛，即祥和的气氛。一回到家就很平安，就算做错事情，挨骂也是有一定程度的，而且会跟我预告，不会说突然间让我措手不及，不会。人哪里有不挨骂的？可是挨骂你总得给我一个预告。比如让孩子过来，说我们先研究研究，他就知道了，他有心理准备就没那么恐惧了，如果是啪一下就打来了，他知道怎么错了吗？然后就说完了完了，小孩怎么就完了？所以我们这样谈起来，就知道一切其实最后那个支撑都是观念问题。我们老是从行为、习惯、态度，从这边去做文章。我们应该深一层去了解，习惯、行为、态度，包括语言后面都有观念的影响，也就是这个人思想的核心部分。为什么有些小孩子小小的年纪就会重男轻女？这是谁教他的？大人教的，对不对？这个是值得我们去思考的，老师不会教他，老师不会教重男轻女。可见都是从父母那里学来的，所以重男轻女，我们老怪学校的教育，那根本怪错了方向。我还没有发现一个老师会在课堂上说你们要重视男生，这是不可能的，即便是他心里有这样的想法，他也不敢讲出来。而且孩子们意识里都是不正确的重男轻女的观念，这才可怕。那不正确的观念还包括哪些？

比如说外国人比较重视女性，中国人比较轻视女性，我真的不相信这种事情。10个中国男人，9个怕老婆，那你还说不尊重女性？对不对？所以有人说怕老婆才是大丈夫。在这样的一个文化气氛里面，你说我们轻视女性，我解释不过来。我们买的房子很放心地用太太的名字去过户，那还不够尊重女性吗？你看每一家的经济大权多半都是妈妈手上抓着，还不够尊重女性吗？我觉得很奇怪，只是我们不习惯帮太太拿椅子，不习惯给她穿衣服，如此而已。看表面不足以论断，中国人是内心比较重要，外在形式不重要。所以不要以为我们在形式上比较重男轻女，就真的是重男轻女，我们实质上很重视女性的权益。

很多爸爸都会跟妈妈说：“你懂什么？”那这个话又是从何而来的？这个就是我们要纠正的，你可以关起门来说，有些事情你也许不太清楚，我很抱歉，没有事先讲给你听。你要抱歉，你有责任。你既然知道你就要事先做，你不可以当着子女面说妈妈你懂什么，对不对？那妈妈会报复，爸爸上班了，她就跟子女讲，你看看家里事情都谁在做，爸爸回来就看报纸，家事他根本一窍不通。她不报复怎么行？她没有面子，你这还是自作自受。其实有时候会想到爸爸在外面忙，比较有机会见识世面，可是只要家里面有好学的气氛，不出门一样可以知道很多的事情，而且爸爸有责任回来把值得提的事情跟妈妈分享。因为妈妈越了解，她将来越跟你拉近距离，两个人更好配合，才能有共识。现在不是，爸爸回来不是去看报纸，就是去看电视，一句话不讲。问起公司的事什么都不说，只说你不懂的。你太太她是关心你，她才会参与，可是她了解不够，那是你害她的。也可以说公事我不要烦你，所以你就不要有意见。但其他事情你还是要沟通的，比如说有的人，他是负责军事机密的，那回来一直跟太太讲那也不行，还是有分寸的。但是不能说你就是你，我就是我。那小孩也是一样，你是你，我是我，很多事情其实是父母造成的。所以我们一直说父母要负责任，就是这个道理。

总结下来，培养孩子正确的生活观念，包括好学、知耻、上进。那不正确的生活观念，就是样样不输人，你有我也有，以及马虎。这些不正确的观念，其实背后就是我们要用逆向思考的方式去思考正确的部分。比如说我偶尔输了很正常，但是我不要认输，我还是要继续努力，我认定我总有一天会跟你一样，甚至超过你，但是我不急于一时，这是非常正确的观念。如果说我一定要赢，输了我就认输，这完全是两极化的思考。说人家有什么，我也要有，可以。你慢慢有，不一定现在就有。所以这就是一个思辩。就是整个思考它是有弹性的，它是会变通的，它是有时间观念的。你现在有，我就要有，这何必呢？你现在有，我很喜欢。没关系，我现在没有，我先欣赏一下，说不定你那个很快就没有了，我就知道那个不要买，我就可以省下很多钱。所以有时候观望一阵子，让别人先去当实验品，也有好处，但是不能样样让别人当实验品，那又变成坏心眼。任何事情只要拉回到合理程度，它就变对了，再拉过去又错了。超过了，过犹不及了。

至于像平等这种东西，我们也要让他知道实际上完全平等是很难的。平等是一种理想，尽量去追求，而不是说一定要这样。像这种观念应该及早要培养，否则小孩就说你多我一点儿都不行，那还得了？是不是？小孩慢慢长大以后，距离就拉大了，拉大后要么就是他受不了，要么就是他开始盲目地反抗。如果说你比我有钱，你就是罪恶，这种观念也不对。为什么人家有钱就是罪恶呢？好，你比我穷你就是活该，为什么人家是活该呢？这都是不注意的，但是现在很多人都是这样。所以这些不正确的观念，父母亲如果听到，要及早地想办法调整。要用缓慢地研讨、沟通方式，好好商量去改变，而不是硬性规定，今天要改变一样，明天要验收。

我们现在发现大家都很着急，如果你着急的话，千万不要这样做。时间还是多得很，时间要用其实是很长的，让它混过去那很快就没有了，**心里不要急，手脚要勤快**，像这种观念就是很重要的。心里急完全没有用，急到手脚不知所措，那更糟糕。心里要笃定，情绪要平衡，手脚要勤快，该做的就去做，只要做就好了，急什么？

第十章　怎样让孩子养成良好的生活态度跟习惯

我们要让孩子养成良好的生活态度跟习惯，这其实也是为了帮助他们建立良好的人际关系。父母让孩子从小就要认识到：别人会注意我们的语言，注意我们的行为，而这些基本上就是我们要养成的习惯，习惯不好会招人讨厌。

培养习惯

要想孩子不被人讨厌，父母应该这样做

本章我们要来谈，怎么样让子女养成良好的生活态度跟习惯。我觉得一般人不太容易了解人家的观念，因为观念是看不见的。所以我们要了解一个人，多半从他的态度，从他的习惯来了解。所以我们常常讲，你要小心人家第一印象就对你很坏。第一印象怎么会坏呢？就是态度不好。所以这就是我们要养成良好生活习惯跟态度的一个最基本的出发点，就是说让人家一看到你，最起码不排斥你，不讨厌你，并越来越喜欢你，那就是最成功的。可是你不能一天到晚跟人家讲说，我的观念是爱人，是博爱。没有人听得懂，人家也不会接纳。相反，会以为你这个人很奇怪。他自己会看，他看你这个人态度良好，你这个人讲话很平和，不会有时候很能讲，有时候又半天不讲话，其实这些都是生活习惯。

最主要的就是说我们要让子女养成良好的生活态度跟习惯，其实也是为帮助他们建立良好的人际关系。从小就要让孩子认识到：别人会注意我们的语言，注意我们的行为，而这些基本上就是我们的习惯。所以习惯是人与人之间第一道见面的东西，习惯不好的话真得招人讨厌。

有一个太太曾说：“有一次我发现，我对我先生好像没有太讨厌，原来他这个人生活习惯还挺好的，洗衣服的时候发现他的袜子是摆正的，衣服也是摆正的，我省掉很多时间。”像这些就是从小养成的，长大了以后很难改变。有的人他看到袜子，他就认为一抓起来丢进去就好了，反正要

穿的时候会去理，何必现在理？也不能说他错了，只是观念不同。但是你站在太太的立场上，看到先生那样，你总觉得怪怪的。可是看他把东西都理得井井有条的时候，你就觉得很愉快，我想这是很好的案例。其实习惯是从小事情开始养成的，而且一开始养成是很容易的，成了习惯要改变那才是困难的。所以我们教养子女，就是从小就培养他一些好的习惯。可是现代父母工作的时间比较长，良好的生活习惯和态度孩子要跟谁学呢？我想小孩子还是跟父母学，如果父母回到家，就一直看电视，小孩他每次一回家也就一直看电视，他觉得这才是一个良好的习惯。如果父母回来，就休息一下，把东西整理整理，然后做晚饭，吃完晚饭以后，他会跟大家聊聊天，然后拿书出来看的话，小孩自然也是一样，这就是有样学样。我们比较乐意模仿人家，如果是强迫一个人这样做，他会比较抗拒，这是人性。

如果人不能模仿，根本长不大。有的人根本没有跟老师接触过，他父母也不太会教他。所谓的不太会教他，就是说没有正式地把他叫来，告诉他做人要怎么样，什么东西要怎么样做，没有。你看妈妈洗碗有没有告诉小孩子说，我告诉你这个碗怎么洗？没有，可是小孩他一看就会了，这就是模仿。模仿是很好的一个方式，这叫作身教，身教往往重于言教。

之前我谈到过“神”父母、人父母、“鬼”父母，依照这样一个角度来看的话，是不是也有“神”子女、人子女跟“鬼”子女？有。如果没有良好的生活习惯跟态度的话，就会造成“鬼”子女的这种后果，你看现在已经有太多这种案例。

比如一个母亲告诉一个小孩：“你吃饭要坐好。”他马上回答：“你管那么多干什么？我这样坐比较舒服，为什么一定要那样坐？”那母亲就会觉得我还用教你吗？我怎么教孩子呢？那么她就寄望孩子长大以后可能会比较好，没有想到长大更糟。我们看了很多事实，你看很多大学生回家，就是把房间的门一关，他做他的事情，你进去不敲他门，他说“你怎么没有礼貌呢？你这样是个好妈妈吗？”爸爸回来，除非进去跟他打招呼，否则他不出来跟你打招呼。然后他要出去的时候，他一摸口袋没有钱，他就大发脾气，“你们人都走光了，不会给我准备一点儿钱？”这么坏，还这么凶。这就是“鬼”子女。我们常常讲碰到鬼了，碰到这种情形，我们一定想碰到鬼了，那他比鬼还厉害，因为你甩不掉。

有一个妈妈就讲，她不太敢跟她的小孩讲话。她说：“我小孩已经是大学生了，我学识什么都不如他，有一天他回来，我炒了饭给他吃，我就端给他。”小孩说：“你炒这么油，你叫我怎么吃？你想害我得癌症吗？”这样的孩子不少，不要以为我们故意在制造紧张气氛。我们一般人都很谅解说，这是时代所致，没有办法。我是觉得不要自暴自弃。你自己认为没有办法了，认为一切你都无能为力了，那不是自暴自弃是什么？这怎么可以自暴自弃。别人是别人的事情，我只有两个子女，我把他们搞好再说。其实父母、亲友、老师、同伴，都是他学习的对象。

所以父母除了自己言传身教之外，还要看看他所交的朋友，他的同学是什么样子的，因为你可以从他的同学身上看到你子女的真面目。他为什么老喜欢跟这些人玩？比如他一天到晚就看漫画，就已经是很好地警示了，做父母的再不去注意的话，他就会变成“鬼”子女，那也是你自己搞出来的“鬼”，说难听一点是这样。这也是自作自受。我们不要说期望我们的子女成为“神”，不要，因为他是“神”我们也很糟糕，我们只能供奉他，也不能怎么样，父母等于没有用，父母很辛苦，不晓得该怎么去面对孩子。

所以我们要做人的父母，孩子也要做人的子女，毕竟我们都是人。是人就有情绪，同时也有理性，他会不断地在那里反反复复，所以要有耐性。这个耐性就是来因应他的反反复复。因为学习就是反反复复的，对不对？所以我们常常说这个人怎么颠三倒四，其实颠三倒四就是尝试错误。所以他还没有搞定，还没有确定要怎么做。做父母的要跟他讲，你的同学这样子做，我不能说他不好，但是你如果换另外一种方式的话，你会不会觉得更愉快？那你愉快别人也愉快。我们一般就是讲不要跟他学，你越讲不要跟他学，他越是要跟他学。我们基本上先不要否定任何事情，也不要一定强制小孩要怎么样，我们用比来比去的方式，让他自己选择，我相信他会很乐意选择一种比较受欢迎的习惯。可是很多父母都很担心，他们觉得孩子没有选择能力，甚至没有判断能力，这点儿我也承认，但是我们做大人的就是要帮助他。一般人就是不太愿意花时间帮助他，要么你听我的，要么我放弃，两极化都是不好的，没有那么容易的。

只要孩子知道什么是好的，他总是会挑对自己有利的，这个问题就在于，父母没有适当地，直接地告诉他，他现在做得可能有不恰当的地方，但是换另外一种方式也许更好。让他去思考，他选择的机会就来了。很多人长大以后他会责怪父母说："你们为什么不跟我讲？小时候都不跟我说。从来没有人教我这样不可以，为什么突然间这样就不可以了呢？"也许你讲的时候，他会觉得怪怪的，但这也是父母的责任。

很多父母讲这句话，你这个椅子摆好，这样整齐一点。孩子就觉得是骂他，这哪里算骂？比如吃饭的时候把饭碗端好，你那样万一打翻了，对大家都不好。你还要去整理，何必呢？你看我这样拿不是很稳吗？这哪里有骂他？其实这是提醒，就是说告诉他道理。骂是责怪他做得不好，这是有差别的。可是现在小孩他经不起人家念，你一念他心里就想你又来骂我了。有时候我们提醒孩子，孩子也会说你怎么怀疑我？是不是？这就叫矫枉过正，我们整个社会几乎已经矫枉过正了，因为太多的人说不能打小孩，不能骂小孩，你如果骂我的小孩，我要跟你拼命，那这到底是爱小孩还是耽误小孩？一个人如果连挨骂都不能受住的话，他怎么进步呢？

我们必须要明白孩子跟我们在一起，是他的福气，也是他的不幸。如果有这种认识的话，那你的警觉性就很高了。很多父母会说孩子跟我在一起是福气，怎么又说是不幸呢？如果他跟你学到很正常的态度，当然是福气。如果他跟你学到抽烟、打牌、骂人、拍桌子，干什么都是很冲动的样子，那他就是不幸。我们都忘了我们自己也有缺点。不是说给他钱他就是福气，他做乞丐也可以去向人要钱，对不对？你说那比较辛苦，因为辛苦他才知道得来不易，很多事情不要太往单一方面去想。现在有人鼓励你，永远要朝好的方向想，要正面思考，其实我也不太赞成。那好像又太乐观了，要正反两面去思考。如果人太乐观就要想一点负面的东西；如果本来就很悲观，再想负面那也不行，也要想正面的东西。但是本质的部分不能变，就是对于某些事情的观念、态度是不能变，但是你在行动的时候，在思考的过程中，你要正的跟反的都要想。

比如说这是我的父母，我要尊重他们，这是不能变的。可是我要学他什么呢？他骗人我也学他吗？这不行。他抽烟我一定要学他吗？不需要。可是小孩他不知道，大人要互补就是这个道理。妈妈说：“爸爸抽烟的时候你喜不喜欢？”小孩说：“我不太喜欢。”妈妈说：“我也不喜欢，但是你看妈妈都没有告诉他。”这个话是妈妈来告诉孩子，不是爸爸讲。爸爸自己不能讲，爸爸讲永远讲不清。妈妈说：“他心情很烦，所以有时候抽一根烟，虽然很讨厌那个味道，那也忍受了；如果他去赌博，他欠人家钱回来抽烟，我一定不同意，他又不是，他是挨老板的骂，跟老板意见不同，但是他是对的，可是他又不能发作，他为了整个家庭，他要忍耐，让他抽根烟，我们都不能忍受的话，那我们算是一家人吗？”我觉得小孩也很容易听懂这种话，没有什么难的。而且这个还有体贴的“味道”在里头，孩子其实都很善良，真正好好跟他讲，不要讲太高深的，他会懂的。

共同标准

不管是勤劳还是守分，都要有恒

谈到让子女养成良好的生活态度跟习惯，我们一般都先想知道，哪些生活态度跟习惯是良好的，哪些是不良的。不过一般来讲良好不良好，其实也是见仁见智。每一种不同的家庭，他有不同的标准，所以我们才把他叫作家风，不然什么叫家风？

人家一看这个人，就知道说他们家庭是读书人，为什么会这样？因为读书人的习惯总是跟没有读过书的人不太一样。我们千万不要说谁好谁坏，他只是不一样而已，没有好坏。社会是由各种人构成的。如果说培养的子女都是文绉绉的，那将来这个田谁种？那没有人种了。是不是？在一个工人家庭，你说一定不让他去动那些工具，那你是否定自己。我们没有一定说农民的子弟一定要种田，工人子弟一定就什么样，我们没有，但是最起码有了这个气氛以后，他就多了一样东西。我们也常常讲读书人五谷不分，手脚不勤，总还是个缺陷。如果我是工人家庭，我从小培养孩子动手的习惯，我把他弄得对工作有兴趣，然后他又能读书，那不是比读书家庭的小孩更好吗？他就多会一样东西，所以家风要维持的意思，就是说每家有每家独特的标准。并不是限定孩子一定要走这行。没有。只是不要辜负这个环境，让小孩也能够去学一点儿基本的道理。你说这个家庭是做馒头的，那么孩子连包子都不会包，那不是很可惜吗？

很多人到美国读书就是靠卖包子赚钱维持生活的。表面说礼拜天我们聚餐，然后他表现一手，大家说我们跟你学，他说跟我学可以，下个礼拜一个人交5块，然后他就这样教起来，他就有一技之长，可以开做包子班，可以靠这个谋生。何必一定要把小孩弄得跟家里有隔阂？没有必要。这一点也说出了很多家庭的苦楚，也就是说做父母的可能觉得做这一行过得很辛苦。**其实这是在职怨职，哪一行都一样**。所以有些人就说："那孩子你就不要做我这一行，甚至连碰都不要碰，免得像我一样辛苦。你最好不要有这一行的任何的学习，这样才不会走到我这一行。"这个也不好。

比如在这之前孩子没有当过行政院长，当过以后他知道不适合自己，他觉得宁可回来包包子，当行政院长连雨多下一点都要烦恼。这个你也不能反对。不需要在这方面替子女操心，他自己会选择。他觉得他对包包子有兴趣，你也不能反对；他觉得这个我没有兴趣，我有其他的兴趣，你也不必制止，其实这个跟习惯也没有太大的关系。不管你做哪一各行业，你总要把桌子保持清洁，这是基本习惯。看到人来总要打个招呼，这是应该的。现在小孩根本不会。要么躲起来，要么理都不理。对不对？他一直玩他的玩具，你说叫朱阿姨，他不叫，即便是叫了，眼睛看也不看，这是什么习惯？那还不如不要叫，对不对？所以我觉得像这个根本跟行业无关，跟家庭也无关，所以我们有共同的标准。

所以我们今天要谈的就是共同标准。因为特殊的谈不完，"家家有本难念的经"，那个"经"不好念。所谓"经"其实就是经常养成的习惯，就叫"经"。那么我们谈一谈共同的，我觉得第一个就是勤劳。

我在马来西亚的时候，有一个计程车司机，他是马来西亚人，我问他有没有华人朋友？他说有，我说你对华人有什么印象？他说一个公司里面只要有华人，他永远是第一个上班，最后一个下班的。他说你看人家的观念就是这样子，我们到公司一看，早来的都是华人，我们都慢慢地来，下班我们都先走了，他还留在那里。老板那当然就用华人了。**勤劳是最好的习惯，也是我们中国人为人所称道的一个美德**。你好吃懒坐，一定完蛋，肯定做不好事情。可是我们现在不是，整个社会都在说休闲，周休两日要出去走走，好像礼拜一就开始盘算怎么去玩，心都不在工作上。我们听到有些人找工作的要求，“钱多事少离家近”，还加了一句话，“睡觉睡到自然醒”，这是好吃懒坐的表现，那这样的人其实是应该供奉起来的。

勤劳，中国人讲究“勤能补拙”。一个人不是天生就很聪明，还要靠后天的经验积累。经验是从哪儿来？从肯做开始。勤劳就是肯做。反正我不管会不会，我尽量去做，从做当中我就学习到很多东西，那我做几次也会了。不过好像也正因为“勤能补拙”这句话，很多人不愿意勤，他说一勤是不是代表我拙了呢？有拙总比没有拙好，有拙没有什么丢脸的。所以就谈到守分，其实守分就是守自己的拙。你老跟人家比，是不是？人家已经吃了10年的苦才练就这一身功夫，你怎么跟人家比？比不过的。没有办法比。

比如有些人会开车，你就觉得“他怎么会开车？”那你去学就会了。但是很多人没有，他反而说，“你看人家会开车，我不会，人家帽子一戴就是正的，我怎么戴都是歪的。”还有的人说，“人家一投就是三分球，我在篮底下都投不进去。”这个没有什么好抱怨的，**要守住自己的分，守分不是认输**。你认输就连分也没有了，守住那个不认输的分，就是不认输。我现在不会，我明天可能就会了，但是不会的时候，不要装会，一装会就是不守分。挨人家笑也无所谓，如果怕人家笑也是不守分。所以要诚实去面对，对不对？去拜师学艺，挨老师几句骂，这是守分，因为是你惹人家生气。守分真的很难，所以要从小培养起，他才不会有挫折感。那这个守分怎么培养呢？

我曾经在机场就看到了很显着的不同，我右手边是一个美国家庭，他的两个小孩先进来，两个小孩就坐在那里，然后爸爸妈妈进来，他动都不动，就让爸爸妈妈站在那里。我本来想让他们一家人坐在一起的，我一看他们的子女都不动我动什么呢？那我动我不是变成了孙子吗？所以我就不动了。我的左手边是个典型中国家庭，一对夫妻和一个小孩，因为小孩总是跑得比较快，他先来坐在那里，可是他不是自己找位置坐，他是占了位置给父母坐，他父母一来他就站起来了。你看我就感觉不一样，这才是我们可贵的地方。但是现在说不要这样，要让给小孩坐了，你就把他整个分打破掉了。这个本分还代表了一种适当的方法。其实分就是适当的地位，适当地表达，适当地对人的一种礼貌，都叫分。这个分还不是说只是现在的状况而已，所以讲起来很妙。我们的妈妈常常会叫小孩去占位置，这是教小孩子占位置，是要留给长辈坐的，不是说占着他自己坐的。

可是现在我们发现什么呢？你让给他的时候是因为看到他年纪大，结果他不坐，让给他的小孩坐，你看气不气？那就没有意义了。那让的人就会想，早知道我就不让了。所以为什么越来越多人不让坐，其实这就是咎由自取。当然，如果是婴儿其实谁都会让他坐，对不对？好，还有的人一坐下来，把让他位置的人的东西统统推开了，然后把自己朋友叫来挤在一起，那人家觉得你是占地盘，你哪里是坐位置。像这些都是叫作不守分。所以守分也包括不能去超越你应该得的部分，不能侵犯别人，一侵犯别人就是不守分。所以我们往往把这个不守分看得太狭隘了。

比如吃完饭不能马上去添饭，这个也叫守分，因为一共就那么多，而且你还不能问："你们都吃饱没有？吃饱了我就把饭盛光了。"这个话其实是很不礼貌的，不能问你们都吃饱了没有。怎么可以这样问呢？人家怎么好意思讲呢？要用眼睛看，要等一下，看看情况。人家说你去盛饭，你说我饱了。中国人常常讲饱了，然后看看还有饭，不吃可惜了，那我再吃，这个人就很守分。就是要这样。如果是说我是一顿非吃三碗不可的，少一碗我就恨谁，那这怎么办？这个算守分吗？这个是很奥妙的，牵扯很多，要根据实际情况处理。

不管是勤劳还是守分都要有恒。比如你第一天守分，第二天不守分，这有什么用？等于没守。那么你一时勤劳，长期不勤劳，也没有用，所以这两个要变成习惯。有恒本身也是一种习惯。有些妈妈很奇怪，老是跟小孩讲，"你们看爸爸是工作狂。"我不晓得她是什么意思。爸爸那是有恒。对不对？你应该跟小孩讲，"你看爸爸，他不是折磨自己，他对工作有兴趣，而且他保持有恒的好习惯。”不要说“他该休假不休假，人家都休两日，他一日都不休，他是没有工作他难过。”你讲这话干什么？有恒就是说你既然养成习惯，你认为它是好的，就要长久地保持下去，要不然一目十行等于零。所以能够保持是有恒的定义。很妙的是，坏习惯很容易持续，好习惯很难保持。因为坏习惯都跟人的欲望有关，比较有动力。

行走世界

中国人为什么在各个地方都能生存

如果好习惯很容易养成，又很持久，那人根本不用努力，对不对？就是看你这个人经不经得起考验。经得起考验才比较突出。不容易养成的习惯才叫好习惯。有些人养成以后又容易忘，这是老天对人的一种考验。所以才有“玉不琢不成器”，人不像玉一样被琢磨的话，你再聪明也发挥不出来。你看很多很好的石头，最后放在一旁根本没有用。多少人才是被摧毁掉的，太多了。与其这样，不如把小孩的好习惯养成，让他有恒地努力下去，他就可以“开花结果”。勤劳、守分、有恒就这三个很简单的习惯，你就可以走遍天下，是不是？

你看华人为什么在各个地方都能生存？就靠这三个。“你们不做，我来做。”人家说中国人到国外真没有出息，不是给人家洗衣，就是洗碟子。就是人家不愿意做的，你才有得做。去洗衣，发现水好烫，不烫别人都会来洗的，就是烫你才来洗的。所以像这个其实应该好好去想一下，勤劳、守分、有恒，只要把这些习惯养成了，其他的慢慢孩子自己会去经历，不要急。在教养孩子的过程中，这三个习惯能够让孩子养成，会让孩子终身受益，这是他最大的资产。但是相反，我们看到太多不良的习惯，比如孩子不肯好好吃饭，他把吃饭当游戏，妈妈端着一碗饭到处追，好不容易张开嘴，小孩又只吃一半，然后把另一半吐出来。这算什么？我看了都觉得这个妈妈很委屈，教小孩教到这个地步，是不是？有的小孩喜欢说脏话，小小年纪脏话从哪里来的？又不是天生的。还有的小孩不肯睡觉，你要他睡他不睡；你让他做事他睡着了。还有很多小孩不知道爱惜东西，用纸都是一大把一大把地撕，一大把一大把地丢。

我每次到餐厅就会看到，有些人把可抽式的纸一次抽10多张，这种人在干什么？习惯不好。暴殄天物，就算他占了便宜，老天也不会放过他。我们用纸该一张就一张，但是凭良心讲，这是外国人养成的习惯。外国人常常讲什么不要浪费能源，其实他们是全世界最浪费的。他们消耗速度最快，你看他们消耗纸张之多让人咂舌，是不是？一次两张纸就足够了。他们什么事情都要报告，都要书面的东西，弄一大堆资料，浪费好多纸。是不是？

还有些小孩老抢夺别人的东西，看到别人有苹果，就说，“我什么都不要，我就是要苹果，而且我就要他手上那个，别的都不要！”那妈妈就好说歹说去把它换过来给他，这个小孩将来是小霸王，哪里是小孩？大人就变成了他的奴隶，那也是自作自受。这个小孩虽然还没有到“鬼”的程度，但是已经接近“鬼”了。像有些主管的太太到属下的家里面去，她的小孩想要，她就一直要让属下的小孩把手上东西拿给她小孩。她的意思就是说，你先生还要不要吃饭，要不要？要吃饭把你手上苹果给我小孩，那这算什么？人家会服气吗？但是有些妈妈经常无意当中做这种事情。我们还可以看到有些小孩爱吹牛。小孩不晓得从哪里学来的，其实说不晓得，也就是从父母那里学来的，是不是？一回家爸爸就说，我在办公厅，没有人敢把我怎么样。

比如父母会对孩子说，你知道吗？你看这支笔我拿了三支，你还要不要？你还要我明天再拿给你，不用担心的。是不是？你吹这个牛给小孩听有什么好？是不是？还有，孩子喜欢唱反调其实是从父母那里学的，反正爸爸讲什么妈妈就唱反调，妈妈讲什么爸爸就唱反调，然后又说你懂什么，小孩听见了。所以小孩好得不学，学不好的，这很容易，这有什么难的？你说出去，他说不要；你说在家，他要出去。他永远唱反调，比如叫他吃饭了，他说现在不饿，要出去玩，你不是气死了？这个唱反调跟吹牛，实在讲是很头痛的事情，那都是坏习惯。

还有一种是他有什么需要你不给他，他就大哭大闹，这个最可怕。他就坐在地下，两只腿咚咚咚蹬起来，不晓得他在练功还是在这干什么，父母怕丢脸，就赶快满足他。完了，这一来就害死小孩，以后就没完没了了。另外一种情形更妙，就是他什么动作都慢吞吞的。反正他不在乎，你叫他半天不动，这个要加以注意，因为一旦这样的话，等于半辈子已经不见了。已经消耗一半去了，人家一拍他要一拍半，浪费时间。其实我们很容易举出一大堆坏习惯。一进门，书包一丢，就跑出去玩，就是坏习惯。比如你问一句话会怎么样？“有没有事？”“要不要我帮忙？”“不要，我能不能出去一下？”为什么不可以？以前我们小孩要出门，没有跟父母讲谁敢出去？进来不打招呼一定是挨骂的，看到客人来，不跟着大人叫，你试试看，客人走了就要挨揍，这不是为小孩好，难道是为大人好吗？对不对？可现在不是，一开口就说我这小孩就是这样，没脾气，我拿他没办法，你这种话也讲得出来？真是不应该讲出来，太丢脸了。还有你看看，我小孩出去了，他不是不跟你打招呼，他连我都没有打招呼，很神气的样子。还有人说这孩子很有个性。然后说没办法，现在反正大家生得少，所以你要听他的，很宝贝，这种话自己听得都感觉很丢脸，但是到处都在讲。这也是一种坏习惯，只不过是大人的坏习惯。

所以我们把它归纳起来，也提出两点很重要的，我认为最坏最坏的习惯。第一个就是懒惰。**一勤天下无难事**，可是一个人只要养成懒惰的习惯，他这辈子注定没有希望了，再好的机会给他都没有用。他根本就是自己也推不动自己，人家更推不动他。他是这样，能躺着绝不坐着，能坐着绝不站着，对不对？能站着，绝不行动。他有他的原则，不是说没有。那么辛苦还要动，站着下去不就好了吗？对不对？等久就是你的，那你干吗站？坐着也是等，坐着就好了，两只腿不会酸。坐着不是白坐了吗？到时候再起来就可以了，干脆躺下，那躺下不如睡着了。睡着机会就不见了。

懒惰是最可怕的，现在人懒惰之外还加借口，对不对？你看不是我懒惰，人家都这样，我做得再多一点会挨骂的，人家会嫉妒我，人家看我不顺眼，哪有这种事情？什么时候轮到他来被人家嫉妒呢？早得很。

第二个就是跟守分相对的叫不守分。其实不守法就是不守分的一种，不守法之外还有一种叫作不守礼。你该做的事情不做，不守分；该讲的话就不讲，该打招呼的时候不打招呼，统统不守分；不该你讲话时候你讲话，也不守分；看谁进来你都好像是主人一样，不守分。你看我们跟着主管进去，主管示意我们讲话，我们才讲话。没有！一进去从“这是我的主管”开始，一直讲到“我们今天来干什么”，最后说“结论就这样，好不好”？统统讲光的，那主管心里想我带你来干什么？是不是？这种人就是完全不守分，但是这种人太多了，他认为他很热心，认为有能力就要表现出来，我想这个社会最可怕的就是有能力要表现，这个观念害死多少人。总觉得不表现人家怎么知道？我还听到一句非常要命的话：“反正人家要骂你，他就是要骂你，你表现积极一点他也骂你，你想抢功劳？你表现消极一点人家也骂你，你想躲避？与其都要被骂，你不如就消极让人家骂。”可是你为什么不可以又积极又勤劳又不挨人家骂呢？他就是没有脑筋，然后他讲得头头是道。与其讲也挨骂，不讲也挨骂，你就讲，你怕什么？所以像这种言论，是整个社会的一个危机，最后小孩真是没有好日子过。所以这个分拿捏其实也很难。

比如说桌上好几杯茶，你怎么能直说“我最喜欢这一杯？”你怎么可以这样子，对不对？你观望一下，再说“口渴”，口渴十分钟都没有把你渴死了，还在乎这两分钟吗？可你偏偏要说：“渴死了，我一定要拿这个。”急什么？让旁边人看着会感觉怎么样？你先看一看，大家开始拿了，你第三个拿比较不惹眼，或者拿了先给别人，你再拿，人家也不会觉得你很刺眼。没有，看到哪一杯最大，然后摸一摸。不好。再摸一摸。不好。然后把两杯倒在你这里倒成一杯，最后拿走了。我们看的都是这样。比如去买豆浆，自己打开，装了一半。他很会假装，说喝喝看浓度怎么样，一喝还不错，但一喝喝半杯，再来把它斟满，斟满了以后再喝一口，然后才走。我觉得这不是买豆浆，这是抢豆浆，你顾客有顾客的分，是不是？人家卖东西的都该吃亏？所以他就开始抢你的钱了。为什么现在很多做生意的人不道德，就是说本来可以卖10块，却卖15块，反正你要抢掉他5块钱的分量，那他就要先抢回来，所以为什么会抢来抢去？就是大家都不守分。一天到晚说我们口袋里的钱缩水了，因为外汇变动了，你干吗讲这种话？谁缩水了？一千块拿出来还是一千块，还是那么大，哪里有缩水？一天到晚讲这些话，这是在干什么？唯恐天下不乱！那是少数人的事情，跟多数人有什么关系？今天不是，我讲的话就是天底下最重要的，这个人就是不守分。我只要不到国外去，我只要不把我的钱换成美元，我一千块就是一千块。缩水到哪里去呢？你干吗老是这样吓唬人呢？没有，他总要弄得天下大乱，然后他才有机可乘，才表示他是权威，他是很重要的人物，这就是从小不守分造成的结果。越大越不守分。然后我一看，我连他爸爸妈妈怎么教他都心里有数了。

珍惜福气

面对不爱惜东西的孩子，父母应该怎么办

不爱惜东西也是一个坏习惯。我认为不爱惜东西的人会一辈子倒霉。你看同样一件衣服，人家穿好几年还跟新的一样，他穿两三天就坏。很多人问我说，奇怪，怎么一流行大家都要穿？因为老的都穿坏了。当然，懂得爱惜的人，穿的就是以前的东西，这很容易证明，不然哪那么容易流行。可见这个世界不爱惜东西的人非常之多，就是从小没有养成好习惯。所以爱惜东西其实是对自己福气的一种珍惜。这个太重要了。**珍惜你的福分，就要从爱惜东西开始**。它还不只是外在的东西，还包括你的情感，家人之间的种种都包括。一定要爱惜。这样的话，我们提出以下几点原则。

重要的一点，**就是不要一下子要求你的小孩太多**。比如让他一下子养成很好的习惯，那不可能。你分期、分层次，从小慢慢培养他，不要急，因为一急就表示说这个小孩大概活不久，我是很忌讳这样的。你心里这样就已经不对了，我们还有很长的时间去走，我们不要急，但是不能够浪费时间，这样就对了。勤劳、守分要从小养成，而且要从小事情做起。有些父母会说，让小孩玩，等将来长大他自然会勤劳，到时候再来教他勤劳就来得及。这是不对的，人懒散惯了以后再要他勤劳，他会比谁都痛苦。你看现在很多人一听到说上午8点钟要上班，他简直整个人都快崩溃掉了，那你说这种人你拿他有什么办法？现在越来越多的年轻人就是这样。比如领导说：“明天上现场，8点到。”你说：“对不起，那个时候我还在床

上。”10个闹钟都闹不醒的。我们要让孩子及早养成习惯，更要持之有恒，父母持之有恒也很重要。父母也要做到。

比如小孩成绩很好，他吃完饭了就跑出去玩，你却不敢说他，因为他成绩好。成绩好又怎么样？成绩好就可以不吃饭吗？成绩好就可以骂父母吗？现在的确有这样的孩子，比如我三个小孩里面假如这个小孩成绩最好，然后他骂我，我却很乐，因为他成绩好，好到会骂我，好到这么有自信。那个成绩不好，成绩不好你敢骂我？我打你。你敢骂我？你成绩好再说。那不变成势利鬼了吗？很多父母真的是势利鬼，尤其将来到了社会以后，老二比较会赚钱，把老二捧得跟神一样。老二要回来了，就说你二弟要回来了，你做哥哥的赶快把这个扫干净，然后去车站接他，不然算什么哥哥？哥哥还要去接二弟，就是因为二弟赚钱赚得多。实在不可以这样。这样的话，整个就改变了。所以好习惯是为了某一种情况才要有好习惯，不然小孩的价值观就错乱了。有好的表现要加以鼓励，比如看到孩子在打扫卫生，你说：“你看你今天把桌子抹得很干净，这很不错。”但是我不太赞成动不动就要给他钱，钱不要随便给。我不反对用钱鼓励他，但是最好用记点的方法。一开始说：“你看你刚才做家务我们记你一点。”到最后说：“你这个月表现好，给你300块奖励，你要买什么，你自己可以决定，但是你要先跟妈妈商量。”还要加个“但是”才可以。很多人说没有关系，这是你应该得的，你要怎么花就怎么花，这不可以。老实讲我们任何人都没有这个权利，先生要花钱，就算很正当也要跟太太商量商量。

小孩小的时候你多用物质的奖励，可是越长大你越要改成精神的奖励。慢慢把他调整过来，因为你不管是给小一些的孩子精神奖励，或是讲好听的话，他都不太了解这是什么意思，他认为好听的话都没有糖果那么甜，他觉得现货没到手不算数。可是如果你给他拿一个玩具，他就会很兴奋。像这些慢慢要跟着孩子的年龄去改变，如果你一路用奖金奖励下去，等到他到了18岁，他就会一天到晚不高兴，也成了一个势利鬼，你从小把他的胃口都养大了，他认为给3000元也不是很多。**发现小孩有不良的习惯**

要趁早去改，因为他随时会有坏习惯进来。任何年龄都要这样。

很多父母有这种观念，认为刚开始不必那么严厉，但是第一次就不要放过他，不放过并不代表说一定要严厉，是不是？比如小孩第一次做这样，现在有客人在我不便说他，现在他很高兴我不便说他，但是他总有比较平静的时候，我就把他叫来。我说："你还记得今天下午的事情吗？"他也许不记得。我说："好，我学你的样子，你看学不学得像。"我学给他，然后问他你觉得怎么样？他会觉得他当时是这样吗？他觉得好可笑。我说："你平常不是这样子，今天会这样子，没有关系，像爸爸也常常做错事情，你记住就好，以后不要这样。"就这样教他，是不是？没有，大人一高兴也忘记了，一生气就想起来，比如说："你去年今天打破个碗，你记不记得？"孩子哪里会记得。这个大人完全是自己在那里耍脾气。哪里是教养？不是教养。我们这句话真的很重要。很多大人他是随着自己的喜怒哀乐，说难听的话，他的心目当中没有子女，哪里有子女？说你在养育他，只是说得好听，哪里有？只是生一个来陪伴你，这不对，但这种情况很多。有些大人还说："我不喜欢他，因为他现在不跟我玩了。以前我可以逗他，捏他鼻子，甩甩他嘴巴，他好可爱，现在不行了，我摸他鼻子他跑得快，我还摸不着。"这种心理不对。不像个家长的心理。

习惯其实从自己开始养成，我们一生最可怕的就是这辈子来了以后，平白地学了很多坏习惯。

从小养成好习惯其实是比较容易的，等长大要改真的非常困难。因为他会习惯，一习惯就成自然了。成了自然以后你要改变他，他就很痛苦，做父母的也很伤脑筋，所以我们现在看到很多家庭几乎变成了战场。你看我们对外人有时候还反而客气一点，对家人非常不客气，这就是坏习惯，对不对？认为是自家人，没关系的，无所谓。专门修理自己人，然后善待外人。

我们在本章说的就是如何让子女养成良好的生活态度和习惯，从孩子小时候开始培养，的确是来得及的，那么他就会有更好的人生，不过我们要记住如果在任何年龄有不好的习惯，都要改掉。

第十一章　如何有效促进子女身心健康发展

一个心理正常的人，他会把方向调向自己，不是老指向别人，他常常会想是不是自己哪里做得不对，他会反省自己，其实这个人是最快乐的。但是反过来讲，总是生怕自己犯错的人是很痛苦的。

健康标准

拥有一颗平常心对孩子来说有多重要

本章我们要谈到的是，怎么样促进子女的身心健康发展。什么叫作身心健康发展？这个定义要定在哪里？这是这一章的重要内容。

我们发现大部分的父母非常奇怪，他们好像都不希望子女身心正常，他们总希望自己的子女跟别人的不一样，高人一等。比如有的父母就说“我的小孩很优异。”那个“异”字一出现就是异常了。我这个小孩就是跟别人不同，跟别人不一样。那有什么稀奇？其实人是一个很平凡的人才是最伟大的，如果说奇奇怪怪，那是我们要特别小心的，有这种心态才对。因为他跟别人不同，所以我就要特别小心把他带好；如果他跟别人都一样，我反而比较放心。应该是这样才对，这样才叫平常心。可是现在刚好是相反的，所以我们把身心正常做一个比较广泛的定义，就是说家庭很安宁，父母关系也很好，家人之间互相关怀，那么在这种气氛下长大的孩子，我们多半认为他是身心正常的，意思是这个家族要很安宁。因为子女还小，他本身就是可塑性很高的，你把他放在什么地方，他就会形成什么样一个状况。所以这个时候多半他还是被动的。所以这个家庭要安宁。

有人会问，安宁的意思就是说让他很平稳，很安静，然后不要有太多的纷扰是不是？人与人之间难免会吵闹，会有意见不同，那也是很正常的，但大家心是在一起的，我觉得这比较重要。家和万事兴，就是大家要和和气气，为了共同的目标努力，这样我们就把它叫作安宁。安宁并不代表大家意见完全一样，那几乎是不可能的。

如果父母把孩子教得太自以为是，跟别人不同，他也觉得自己是很了不起的话，那兄弟姐妹之间就很难安宁。他觉得自己很棒，认为哥哥没有什么了不起，认为“他虽然是哥哥，但是他没有我行”。如果是这样想的话，家里就不可能安宁，而且将来到社会上去，也会制造太多麻烦。

父母之间要和好。那父母的这个和好跟孩子有那么大的关系吗？有很大的关系，尤其小孩子心灵的创伤，大部分是由父母不和而来的，所以我们呼吁所有已经结婚的人，你要重视婚姻，它是很神圣的。还是要回到这个身份本身，要回到一夫一妻，彼此要忠实，不要有外遇，否则的话家庭一定不安宁，夫妇一定不和好，更重要的是夫妻不和谐，孩子一定不能够安宁。因为夫妻基本上是彼此占有，你不能认为这个不正常，我认为这是很正常的。如果有这样的一个观念的话，我们今天会减少很多社会问题。太多的人都感觉到，所有社会问题几乎都来自家庭问题，而家庭问题就是亲子教养造成的。还有家庭里面做父母亲的，观念也都不太清楚。

比如说私底下跟子女抱怨另外一个人，对不对？妈妈当着小孩抱怨爸爸，爸爸又为讨好小孩，一直说妈妈不对，小孩幼小的心灵他会是什么感受呢？他就很痛苦，那这样的身心就会不正常。这指的是心理的部分，然后也会影响到他生理的部分。你看有的小孩小小的，他走路就很怪异，那就是心理问题，对不对？他生下来四肢都很齐全，样子也长得不错，可是走路那个样子就是很别扭，他就怎么样都松不开来，那是心理问题。可能长期处在一种紧张的情况之下，所以走路比较别扭。而且他总觉得父母不关心他，所以他故意走那个样子来引起人家注意。这也是一种可能。所以除非是他真有一些疾病，否则的话，家里面的这些情况会造成他心理上、甚至生理上的异状出现。因为这两个是彼此影响的。

家人之间要相互关怀。相互关怀就是说既然是一家人，就要有一种没有办法选择的观念，不能说“我跟你合不来，我不叫你哥哥”，这不可以，对不对？合不合得来是另外一回事，哥哥就是哥哥，爸爸就是爸爸，这是一生一世的关系，这种没办法选择。是会有一种无奈的心情，还是说把它当作是一个既成的事实，然后欣然接受？如果把它当作无奈，那自己就会很痛苦。对不对？如果把他当作一件很幸运的事情，说："我很高兴有这么一个跟别人不同的哥哥，别人找都找不到，我就这么幸运碰上了。"只要心情一改变，整个就会改变。

有些小孩老怪爸爸脾气不好，如果抱着另外一种心情，说："幸好我爸爸脾气不好，我才会稍微好一点，要不然我可能比他更不好。"我觉得你只要稍微改变一下心态，整个就好了。这就是比较广义的身心健康，即我们要注意到家庭安宁，父母和好跟互相的关怀。如果是狭义的话，如果他没有一些异常的现象，我们就认为他身心健康。有哪些异常的现象呢？比如说刚才我们所讲的紧张、不安、睡不着觉，年纪轻轻怎么会睡不着觉呢？然后他很忧虑，整天愁眉苦脸的，好像心里头很着急的样子。还有他注意力不集中。当然了，小孩子注意力能够集中的时间很短，但是他几乎是完全不能集中，这个时候就要小心了。还有他情绪很低落，老是高兴不起来，有些小孩子六七岁的时候，一生气就是半天，有那么长时间发脾气要小心。人家差不多10分钟，20分钟就忘记了，就笑嘻嘻地，他整个上午都在生气的话，这个要小心。还有他已经有点多重人格的象征，就是有时候这样，有时候那样，不稳定。当然变动是正常的，但是变动到太过就有点多重人格的象征了，那我们就要注意。所以这就是父母亲要特别留心的。

比如说有些父母会听到老师说，孩子在学校的情况如何，好像跟家里是完全两样，那这个就要注意了。往往在家里头表现得过分好，过分就是出乎一般小孩的好，特别乖，那么你要小心，他在外面可能特别坏。孩子本来就会有正常的好动、调皮，有时候嘻嘻哈哈也是正常的。有时候精神不集中，这也才是正常的，常常忘记事情，讲话讲一遍两遍他根本就不知道你在讲什么，这个也是正常的。有些父母觉得这反而不正常，他希望孩子就是很乖，说一遍就能弄清楚那种。所谓**天真、无邪，就是他会把事情看得很美好**。大人不会，因为大人吃过太多苦头，他会慢慢谨慎，可是小孩怎么会呢？

有人说，如果把适可而止摆在身心健康的部分来说的话，是一个什么样的观念？两个可以合起来吗？可以，比如说他喜欢吃糖不是坏事情，可是什么都不吃，专吃糖这就糟糕了。他很喜欢吃饭，才会健康，可是小小的年龄，就一直吃，吃个两三碗，他又不是要去比赛当大胃王，他从小训练这个干什么？任何事情你发现他过分的时候，你就要小心了。他是心理上的还是生理上的？这是父母的责任。他如果说不睡觉，那么你就想为什么这小孩老不睡觉？他如果是昏睡，你不要高兴，这也是过分。当然还有一种叫作好动儿，他是比人家稍微动得更长久，更厉害一点，可是这也是要我们去小心的，因为他消耗太多，他就不容易成长了，就容易引起疾病，那我们要给他营养方面的照顾，以及水分的补充，甚至有时候要引导他休息休息，我觉得这是应该的。只要他过或者不及，这就是异常现象，这有一个限度，比如说一天睡觉睡10个小时，小孩子睡10个小时是很正常的，他如果是睡18个小时，这个就有点糟糕了，对不对？那就稍微去了解一下，当然不要惊慌过度了。有的是偶尔一两次，比如说出去太累了，回来真的睡很久，那是不必大惊小怪。可是连续这样的话，就要小心了。

如果一切都在正常的范围之内，我们就让他自由去发展，如果超过了，过犹不及，就是超过正常的限度的话，我们要加以更多的关心。所以我们不能够期待孩子表现得就是跟别人不一样。这个不一样，很可能就是代表压力太大了，或是别的什么地方出了问题。**生活尽量跟大家一样，才不是怪人**，至于将来你的思想、观念，你有什么特殊的创建、发明那又当别论，那是以后的事情。你说从小他就是跟人家不一样，人家正着走，他就趴在地上走，那这个人长大还能够合群吗，对不对？生活尽量一般化，他将来生活会快乐一点。如果他在学习上有一些比较出众的表现，或者说比较迟钝的表现，那是智商的部分，就可能要注意，但是也不要把他很快地说出来，说出来小孩会受不了的，你说他好他也不安，你说他不好他更不安，他会担心。

比如说他很小就对音乐特别有兴趣，我们也要让他有平常心，让他去发展。人家赞美他，你说其实他比较有兴趣而已，这样小孩会比较自然。有的母亲很夸张，称赞自己的小孩是神童，三岁就会打算盘，其实只是偶尔拨一两个算盘珠子而已。比如有一次人家说“4＋2”，孩子突然讲了一个6，那是很偶然，很凑巧。他说“这个人不得了，会心算”，何必呢？其实这对小孩没有好处的。所以从健康来说，适可而止就是在过犹不及的适当范围里面。让他自己发展，因为小孩有个别差异，我们不要认为哥哥这样，为什么弟弟不行？他本来就不一样，哥哥是哥哥，弟弟是弟弟，虽然是同父母生的，但他遗传的部分不一样，有的遗传到这一部分，有的遗传到那一部分，不可能完全一样。就算是孪生的，也还是有些小的地方不一样。

心理健康（上）

怎样使子女的心理得到正常的发展

有些孩子有特殊的天赋，比如擅长音乐、数学等等，如果说他真的有这样的天赋，光是顺其自然够不够？还是说需要特别再找老师，介绍方法给他学习？我们要先说一句话，真正的天才是埋没不了的。只不过我们真的要辅导他，这是真的，否则的话他很晚才会那就很可惜了，比如说一个人到80岁才发现他有绘画天才，实在讲是可惜的一件事，太晚了，对不对？我们不要太急，这也是适可而止的一种解释。我们适当地请老师去调教看看，也不要对老师的要求太高，说我这个是天才儿童，你要给我教出什么样来，那有的老师他觉得你很奇怪，甚至他就不教了。我们让老师帮助我们看看，这个小孩是不是真的有这方面的潜力，有的话也不要太快让他发挥出来，任何事情爆发得太快，就是一句话，“来得快去得也快”，“飘风不终朝，骤雨不终日”，慢慢地发展他会比较稳定一点。其实天才在人口中出现的概率也是很低的，非常少。

我们宁可把孩子当作正常的孩子，不要以为他一定是天才。其实作为父母，最好认为自己何德何能可以生一个“孔子”，有这样的心情大家会比较安分一点。的确有这种情况，孩子可能因为他小时候在父母的督促之下，比别人更加用功，表现得成绩比较好，父母就把他看作是天才，结果硬是这样让他撑着，也许撑到了一段年龄之后，当别的同学都赶上来的时候，他一下子就失去了信心，输得更惨。你看很多小孩在美国读书，总觉得比在中国台湾要好，其实不是，是人家美国小孩没有恶性补习，而我们到美国继续恶性补习，这种胜利我觉得一点不光彩，就是自欺欺人了。你看这个小孩在美国他就学得比较好，在中国台湾就不行，甚至说被台湾耽误了，我完全不能接受这样的观点，这有点像揠苗助长。而且人家国外的学习是慢慢出来效果的，所以他们也是真的跑了很长的路。你既然欣赏那种，你就照那种模式去走，你不要又要偷跑，然后又要让人家规规矩矩，然后你说你赢了人家，一时的安慰而已，真的是自欺欺人。

怎么可以使子女的心理正常？当然这可以说得很多很多，但是我们把它归纳成几点，这样大家比较容易抓住重点。

第一点，不要让子女老是羡慕别人。一个人羡慕别人会痛苦一辈子。你再怎么样，一个国家只有一个总统，你老羡慕他买房子，老羡慕他买豪车，你羡慕他干什么？为什么不看看他辛苦的一面，对不对？我们往往很羡慕人家，他赚钱赚那么多，其实人家那个钱很难赚的，你不赚还不必那么辛苦呢。

第二点，不要嫉妒别人。羡慕、嫉妒其实是让自己最痛苦的事情，但是我们经常避免不了，人家有好处是人家的事情，跟你自己有什么关系，对不对？你欣赏归欣赏，他多一种花样给你看看，你干吗老嫉妒别人？羡慕跟嫉妒很容易通过父母的表现习得。有些父母就对孩子说：“你看看，你看看人家小孩考第一名，你算什么？”其实算你儿子，算什么？有时候是经常骂自己，大人骂自己他自己不知道。对不对？你那么呆，骂小孩呆就是骂父母呆，谁传来的呢？

父母如果去羡慕有钱的人、有地位的人，言谈当中出现很多羡慕的语气，对于孩子也会造成影响。所以我是觉得赞美人家是应该的，赞美其实跟羡慕有很大的不同，看你那个口气，看你那个心态以及表情，小孩很敏感，他感觉得出来。不要说人家长短，这个也是制造问题的一个根源。我们可以议论事情，但不要批评人家，说这件事情做得很好，这件事情还是有欠缺，可以，但不要以人为中心在那里说东说西。我们以前最讨厌说东家长西家短的人，因为那会制造很多纠纷。

我们把标准稍微提高一点，大家才会努力，如果说一切都做到了，那他觉得这样就很好了，何必呢？其实很多事情我自己也检讨，连我都不是做得很好，我要坦白承认，但是我还是要把这个目标定在那里，我们共同来努力。我们难免会说某人怎么样，但是你如果常常记住目标，你最起码会减少这种不好的情况，否则的话就一直讲，那糟糕不糟糕？当然你说完全不讲别人，这不太可能，这是完全做不到的事情。事情都是人做出来的，我们在评论一件事情，难免就会牵扯到是谁做的，会说他为什么没有做好等，只是不要专门在这方面去发挥，这样就好了。不要说因为是他，所以把事情做坏了，这样就过分了。

一个心理正常的人，他会把方向调向自己，不是老指向别人，他常常会想是不是自己哪里做得不对，他会反省自己，其实这个人是最快乐的，但反过来讲，每次都生怕自己犯错的人是很痛苦的。我是人，我怎么不能犯错？我只要不常常错就好了。现在很多人就说我不能错，为什么你不能错？你真有本领不错也没有关系，又不行，然后心理防卫就很强，动不动就会怀疑别人是不是在讲你，紧张得要命。其实讲你又怎么样，对不对？你也常讲别人，别人讲你就讲吧，这样你就很轻松。常常把方向调转一下，不要老指向别人，也反省反省自己，觉得他对我这样不客气，好像我也有点儿不对。你看妈妈每次盛饭好像都先装给弟弟，不盛给我，是不是？这是什么道理？如果认为“妈妈这是觉得我长大了，我应该自己会盛”，那就心情整个开朗起来了。如果认为“有了弟弟就不要我了”，就会钻牛角尖，对不对？相反，如果妈妈先盛给哥哥呢？那弟弟更惨了，他就哭起来，方向很重要，我们那个方向不要一直朝向别人。

父母如果能够在子女面前示范，把方向朝向自己，其实对子女有很大帮助，比如妈妈一说：“糟糕，我那个饭烧焦了。”爸爸就说：“怪我怪我，我闻到焦味居然也没有想到说我们在煮饭。”这样的话这家里还吵得起来吗？很难吵。小孩就知道了，他会把责任推在自己身上，这样反而可以解决很多问题。但现在大多数是妈妈一说“糟糕”，爸爸就说“不是一次了，第三次了，你这顿饭还能吃吗”。我们所描述的其实是很常见的，我觉得人也不必太苛求自己，但是总要把它稍微调整一些。箭头如果老指向别人的话，孩子也就学会了。什么事情都怪别人，那自己很痛苦。我们所讲这些几乎都是为自己的。当然，别人也会得到好处，但是最主要自己会快乐。同时也可以用这样一种基本的态度来教育孩子，他们心理还可以变正常。对不对？培养他乐观进取，其实那个关键就是，你该做的都做了，最后结果怎么样，其实不用太在意，从小能这样培养的话，这个人还会不正常吗？该做的做了，比如说妈妈有时候跟爸爸讲“你怎么老当科长，好像人家都升官了”，他说“没有关系，我该做的都做了，至于上面的领导欣不欣赏我，要不要升我，我不在乎”，小孩听了他自然就知道了。但是有些父母没有，都是说“你不知道，那个家伙一天到晚就是拍马屁。”其实你就在教导你的小孩将来要去拍马屁。对不对？其实那些都是借口而已，平常心真的非常难保有。

其实我们讲的这些，对全家人大大小小都好。人难免会互相检讨，我是觉得有过错，大家往自己身上一拉，这过错就平均了，然后在很平静当中就知道是谁的错，这也好像比较容易改。但很多家庭没有，我推给你，你推给他，推到最后真的搞不清楚谁错。有功劳大家分一分，有过错大家抢一抢，我觉得这是很有趣的事情。反其道而行，很快乐的。

我们一般就是说“全家人都是坏人，只有我是好人，因为我从来没有错”，这么一来全家都吵。如果说“全家都是好人，只有我一个是坏人，因为我常常闹事”，每个人都这样想，根本就没有事。很多事情就是要反过来想。如果有些人这样做的时候，他真的把过错都弄到自己身上，而且深信不疑，会不会造成他自己身心不健康了？这就是过分了，这样我们就要告诉他，“你不要这样子，因为你扛不了这么大责任”，我们把他退一退。过分激进的人我们就退他一下，过分后退的人我们就推他一下。换句话说，其实这样的一种承担方式，主动把事情弄到自己身上，让大家能够比较轻松，大家看到了也会觉得：不能够让他一个人承担，也要帮助他。否则的话到最后谁也不愿意承担，大家都害怕了。比如，只要有一个人承担，所有人都把责任推给他，认为他一直就是这样子的。就好像一个人在路上本来在捡垃圾，这是好意，结果大家一看可以丢垃圾，每个人都把垃圾丢到他身上，那还得了。

抢功劳大家都没有功劳，推责任最后都有责任。推到最后每一个人都有责任，大家都很难堪。所以这几点我们要特别地记住。如果能够做到的话，小孩在这种环境下，他的心理会正常。心理正常，人格就清晰了。其实我们提出的方法都不难，只是平常好像不注意，一注意，我觉得很容易做到，多留一点儿心就可以。

怎样维护子女的心理健康

小孩正常的发展，不是只要他没有病。没有病并不代表他就身体健康，这点儿我们也要了解。有病治病，没有病治人。治人的意思就是他心理方面你要去加强，使他能够保持正常发展，只要心理一不正常，他的生理也会不正常起来，是这样一种连带关系。所以如果生理部分有病，就要去看生理方面的问题，生理没有病，那你要注意他心理的健康，这样就能够让他长期保持正常地发展。

小孩生下来是齐全的，我们就尽量不要去损伤既有的东西，比如说五个手指头就是五个手指头，突然变四个了，然后再活几年又变三个了，有人说怎么会这样？这就是令我们很遗憾的事情。当然有些人他因工受伤或是别的原因，我们要对他很尊敬，但是在正常情况之下，我们是希望生下来，就完完整整地带一辈子。这就跟孔老夫子讲的“身体发肤，受之父母，不可损伤也”一样。其实这种事情完全是心理建设，孔老夫子讲这句话就是要我们孝顺父母。你如果说，“这是我的，我生起气起来，把我手指头砍掉又怎么样呢？”那就是伤父母的心，那就是不孝。其实我们的身体发肤是不是真的受之父母？当然刚开始是，但是后来你既然给我就是我的，论所有权的话父母不能拿回去。开玩笑，他也拿不回去。可是我们还是要有那种心情，就是孝之始也。

身体正常，不要有畸形发展，这畸形发展有的是先天的，我们要照单全收，但是有些是后天的，我们要避免。先天的没办法改变，可是后天的我们应该好好去保持正常。

比如说先天的他就是“刘罗锅”，人家也可以当到很大的官，也可以有很大贡献。可是后天一个长得很挺直的人，突然间一直歪一直歪，弄得驼背一样的，这个我们就要提醒他了，你怎么会变成这样子呢？好好的腿走路就像瘸子一样，你真是瘸子我们也没有话讲，你明明两只腿一样长，走路这样跟瘸子一样，你干吗？搞到最后真是畸形发展，很多是后天造成的。还有运动伤害，你看棒球运动员，到最后那个手他就转不过来。像这些父母要辅导小孩，你要避免，免得将来他又会自己感觉到羞于见人，那么又形成心理上的问题。

有的人他看人老是抬不起头来，就是他对他自己脸的某一部分不满意造成的。还有人跟人家讲话，那个手老是掩着他的嘴巴，像这些都是属于畸形发展。我们要保持身体健康，万一有什么缺陷的话，我们也就要欣然接受。比如说车祸，手指头撞断了一个也没有办法接。那人家就说你怎么只有四个手指头呢？他的那个手就老是放在口袋里面，老是遮遮掩掩，生怕被人家看到，我们就要教他了，以后人家说你怎么只有四个手指头呢？你说因为早上出来太匆忙了，还有一个忘记带出来。那就很轻松了。或者说上帝昨天跟我借走了一个。对不对？还可以说你本来只有四个，我借给你一个，你忘记了，我没跟你要回来就不错了，你还笑我，对不对？你不要紧张。我的意思是说，如果是健全的，我们就让他健全，只要不是出于我们自己的原因，甚至于说就算是出于自己的大意，变得不健全了，已经发生了，没有办法了，那就要面对这个事实。不要认为从此不能见人、从此不要做人，你不需要那样，你记住这个教训，以后好好去保全你既有的器官，也就好了，要欣然接受。可见都是做得到的，我们完全没有说，“父母给你多少东西，你就要原原本本一直保留到死，这是我们的原则。”有时候为了救父母而损伤的也有可能。那又怎么说呢？那你就要面对这个事实。所以听起来身体健康，其实跟我们的心理健康还是有密切关系，原则都差不多。

可是欣然接受，这个很多人是很难能做到的。但是人是这样，**你碰到了以后你不接受，你就是跟自己过不去，对不对？**有的人他要拿一双筷子，他要动好几十次才能拿到，但是他也很愉快。我看到好几位高级工程师，也是有博士学位的人了，可是他要跟你讲一句话，他头要扭好几次，他也很自然了，那我们跟他在一起我们也觉得很自然，如果他很别扭，我们也就跟着他别扭起来了。其实人家看我们别扭，多半是因为我们自己别扭所引起的。你说口急的人，他越紧张，我们就跟着他越紧张。他认为我就是口急，我也没有办法，我又不是故意的，那反而不紧张了。有一个笑话说口急的人去卖东西，反而卖得比人家更快。那是为什么呢？

比如他去卖一本书，他说说说，搞半天说不清，顾客说这本书要卖给我吗？要替他讲，他说是是是。那个文章是什么？他说你买回去看，还是我一页一页念给你听？顾客说买回去算了，你一页一页念给我听我就完了，他反而卖得好快。他就是利用对方的没时间听，我们认为这是缺点，他把它变成优点，变成一种让对方不得不接受的方法。我相信没有人说你一页页念给我听，也没有听到有这样的人，一般人都说干脆我买回去算了，对不对？我是觉得不要老把自己的缺点当缺点，能够避免最好，不能避免你干脆把它利用成优点。其实任何事情你把它用得好就是优点。

比如说长短脚走路的人，大家就笑他，他说你走我看看，我这样走路多轻松，一边走路一边运动你知道吗？你只要自己很轻松，人家就跟着你轻松起来了。父母尤其不能去笑小孩。有些孩子，如果说从小得了小儿麻痹，或者说遭遇了车祸、意外等等造成残疾，那么父母要从小让他也有一种正常的心理。既然发生了，我们就要面对这个现实，不要老抱怨，老嫌弃他，使得他自卑，使得他永远认为这是一个见不得人的缺点，那都不好。至于说我们把心身健康合在一起讲的话，我们也可以提出几个原则。

第一个，就是说你要定期去检查身体。很多疾病眼睛是看不出来的，当然了，我们也不是说完全相信检查，因为很多病一检查就没有救了，也不是没有的，而且你每一个月检查都有的检查不出来，但是检查总是好一些，总是有一个参考。特别是孩子的视力、牙齿这种还在发育的东西都要定期检查，这样比较有一个科学的证据，帮助我们怎么样来辅导他，使他身心健康。

第二个，我们要很注意，他自己心态的变化。生理的变化比较容易检查出来，心理的变化就要靠父母注意去观察了。那这个观察要从哪里开始？比如说小孩每天早上起来，他都会跑来跟爸爸妈妈打招呼，那突然间没有了，这就是变化。这个小孩每天早上出去的时候，他都会讲一声，我要上学了，再见，但突然间溜出去了，回来闷声不响就关在房间里面，这个就是很明显的心态上的变化了。如果做父母的还说我怎么知道，管他的，那是他的事情，小孩子一阵子就好了，那就糟糕了。还有些父母认为他是青少年，这样子也是正常的。也不可以这样，那就是让他自生自灭，那是很残酷的事情。尤其在发育期间，我们要照顾他的营养，我们要注意他运动有没有太少或者太多。有时候就是在某一个阶段没有搞好，他的身体就衰弱下去了。这个发育期间指的是生理变化的哪个阶段？12~16岁那一阶段，青少年的阶段，这一阵子其实要特别注意。

身体健康

怎样保持子女的身体健康

女人一辈子比男人多了几个阶段改变自己的体质。一个男人要改变自己的体质比较困难一点，女人其实有很多好的时机去改变自己的体质。比如月经来的时候，那时候如果调理得好的话，那她就会把整个体质都改变。还有生小孩的时候，坐月子的时候。所以人家讲女人的生存能力比男人强，其实是有道理的。因为她肩负着生儿育女的这个责任，所以上天也特别给她几次转机。所以女人其实有一些机会让她可以把身体调好，有一些机会让她身体由弱转强。

有病要找可靠的医生，这很重要。不要随便道听途说，让他试试，你怎么可以让自己的小孩试呢？这个听说很有效，你把它吞下去看看，很可怕，但是我们都在做这种事情。我也有时候搞不懂为什么人们要这样做。你说谁是可靠的医生？好像也很难讲。而且中国人比较相信，这个人不该死，你找谁来医都医得好，这个人该死，找名医照样死。其实我认为这些观念要调整，因为现在是科学时代。而且现在医学教育可以说也要求很严格，我们应该相信有合格的医生，当然打听一下也很好。你看他把人都看好了，我们也让他看一看，不要随便抓药，随便去七搞八搞，那太危险了。

有人说，有些父母在孩子生病时听到邻居、亲友的孩子在那边看的结果很好，他就把自己的孩子送过去，那像这个算不算小心地求证？这个也算，其实中国人用打听的方法也是相当可靠的。但是找的是可靠的人，要向可靠的人打听，才会问到。你问一个根本就是糊里糊涂的人，那他怎么知道？我们多打听几个，这也是中国人的办法，你不要老问一个人，万一他正好是错的，正好他那时候心神不宁，乱讲一下，你就糟糕了。你再问第二个、第三个，问问三个都差不多，你自己再去看一看当时的状况，大概可以知道，所以父母花心思其实是花在这些地方。换句话说，连帮孩子找医生都不是随便找的。

搬到一个新的地方就要先打听，而不是等到小孩有病才打听，对不对？我们搬到一个地方，先打听这边哪个儿科医院比较好？牙科哪个比较可靠？眼科谁看得比较好，对不对？你这个东西总是平常就要留意。紧急的时候也没有时间去留意。不然等到小孩一叫起来你心都慌了，看到什么医院就进去了，进去才知道已经来不及了。家里头要有一个医药本子，平常看到什么广告先冷静判断，然后就把它的摘要写在那本子上，同样的东西写在一起，有空打电话问一问，然后不相信的划掉，自己找一个相信的。

如果发现小孩的心态不正常，千万不要大惊小怪，要很有耐心地去辅导他，自己如果不会辅导，要趁这个机会去请教人家，这就是学习。我的小孩从来没有出现过大问题，我如果知道怎么做我就去辅导他，我不知道我就去问问人家。你多问几个自己也就通了，自己也搞懂了。回来还要注意你所听来的消息，毕竟那是别人的经验，你的小孩跟他还是有差异的，你再调整调整，那这样就好了。自己不懂，可是问完之后，自己搞懂了，还是由自己来对孩子辅导是最好的。因为别人毕竟不是孩子的亲人，你还是会担心。**所谓易子而教，其实是指做学问的让别人教比较好，做人的方面还是亲自来教比较好**。因为什么？比如你教小孩打算盘，因为你自己打得很好，小孩多半反应比较慢，你就很气，就打他，所以就要找别的老师来教。易子而教，或者说交换教育，你去教别人小孩，看到别人小孩很笨，总是不好意思骂他，主要是这个原因。

做人也要易子而教？我说这不需要，靠自己，因为你要传出你的家风来。学问没有什么家风，学问是大家的，对不对？可是做人是我们家有我们家特别的做法。

对于心理上的问题，就是要设法耐心地辅导。生理要找可靠的医生，那么心理的话，自己去问人家，最好自己来辅导，实在太棘手了，才请专门的人来辅导。因为你一个小孩动不动就把他送去看心理医生，不合适。就是说怎么来促进子女的身心健康，其中就是包括了定期检查、注意孩子的心态变化、在发育期间注意营养跟运动、然后有病要找可靠的医生以及心态不正常不要大惊小怪，你要想方设法来辅导他们。

身体要保持健康，现代人的生活都是蛮忙碌的，父母都有工作做，所以如果母亲要来调理孩子的健康，应该把握住哪些要领？其实我觉得饮食是很重要的。饮食的话在这个发育的期间，要注意他的健康，那这个包含哪些？这个有很多我们现在要注意的，各位有没有发现？现在速食太多，就是我们说的垃圾食物。真的是垃圾食物，有一阵子我正好在美国，那个报纸上就开始讲了，“吃中餐，那个油的成分比麦当劳还多得多。”美国人就一阵紧张，说那还得了，能吃中餐吗？还是乖乖吃麦当劳好了。当时我跟人家讲你们搞错了，你麦当劳所有的油是整个吃进去的。我们那个筷子把它一捞起来，整个油就掉下来，哪有吃？都在盘子里。哪里有把整个盘子倒到胃里面去，没有。所以我们不能够用整盘的中餐来测量它有多少油脂。我们的筷子很厉害，就像是过滤器。而且中国人的油跟水混在一起，那也是很厉害的，很少人说去舀那个汤来喝。我们用筷子一夹起来，很自然油水通通滤下去了，我们吃进去的比例很小。滤掉以后你就知道我们的油比麦当劳要少很多。

因为他们不太吃汤汤水水的东西，他们都是吃整个固体，那好了，油脂都含在里面，所以你看他们的身体到了中年以后统统都是畸形的。其实胖也不见得说是畸形，有的人就是胖的话，某一个地方那就糟糕了。你到美国去看，美国的年轻人他的体态可以说是还很好，可是一旦到了30岁以后，那整个就变形了，那就是畸形，老化得特别快，是不是？那就跟他食物有关。所以我们要养成小孩健康饮食的习惯。

不要偏食。其实偏食对中国人来讲，我们是最懂这个。每个都是淡薄，吃一点。吃一点，就算有毒，也不至于把自己毒死。你天天去吃那个东西就完了，那个毒就累积得很快。所以每一样都吃一点，不要偏食。现在有些外食的家庭，都在外面吃，也没有办法，你说谁来做？也不方便做，那怎么办？你就要多换几家，不要老到一家去吃。不要说“我就喜欢吃这家，我天天在吃，点的菜都一样”，那真是糟糕。不知不觉中就偏食了。

衣、食、住、行都要告诉孩子几个原则。穿衣服穿比较宽松一点的，不要紧得箍在那里，尤其在发育期间，你就把它箍在那里了，你发育怎么会好，是不是？如果父母能够注意这些的话，那么小孩自然会健康一些。多喝一点水，我们现在普遍水分不足。水分不足就让你没有办法吸收。尤其是我看到很多人，他一到美国就染上一种习惯，就是说吃饭一定要一杯冰水在旁边。其实这是最不合适的，但是很多人他就是养成了这个习惯，他觉得时髦，他觉得过瘾。然后吃饭时再来杯可乐，那所有的菜人家怎么调理都调理不好，都没有味道了。所以难怪有很多妈妈泄气，现在根本不想下厨房，她下厨房辛辛苦苦做饭被你一杯可乐整个冲掉了，她功劳都不见了。还有喝茶什么时候喝？喝什么茶？你是喝绿茶呢？还是喝红茶？还是喝半生半熟的茶？都要稍微跟小孩讲一点知识，对不对？每个人肠胃不一样，有的人适合喝绿茶，有的人适合喝红茶，有的人适合喝半生不熟的茶，你不要搞错了，搞错了再好的茶也糟蹋掉了。

有人说那怎么看得出来？是孩子要去喝喝看他的感觉，还是父母直接说？这个跟体质有关系，大概做母亲的应该去注意一下，你的小孩是寒性体质，还是热性体质。你看有人一年到头火气大，那就是他比较火性的，他要多吃点凉的。有的人一天到晚就是胃寒，冷，那你再给他退火，搞得他越来越没精神，对不对？所以在他发育阶段之前，我们就要先让他去看一下中医，了解一下他是什么样的体质。

养成良好的饮食习惯，我觉得这是非常重要的，不要老吃补药，吃补药其实没有用。我看有些父母也不需要带孩子看医生，大概从他平常的饮食就知道他的体质可能是哪一方面。比如说，这个人他一直火气很大，肝火很旺，眼睛老红红的，那你就知道他要退火。这个时候你再给他吃那种补的、热的，那就糟糕了。这些观念在中国人传统的想法当中，已经是根深蒂固了，其实跟老一辈的讨论讨论都很清楚。比如说这小孩子的皮肤很白、细腻的很，你知道他一定是常常生病的，特别是肠胃方面肯定不好。这小孩皮肤黑黑粗粗的，那你知道吗？你叫他清水沟什么的他都不会得病，他的体质比较强健。所以生下来体质其实很重要，我们就顺着他的体质去给他调理饮食，不要暴饮暴食，不要偏食，妈妈喜欢吃的不一定要叫小孩吃，也不要说我买了你要给我吃光，那你吃光干什么？你要去注意小孩为什么他老不喜欢吃这些东西。所以重点在父母对孩子要关心，包括知道他的身体健康，知道食物的一些特性，然后让他能够有个适当的调和。

我们所讲的好像是增加了父母的负担，其实没有，你把这些做好了以后，后面就轻松了。这是抓要点，这些事情你不做，其他的事情你更是烦死了，后祸患无穷。提纲挈领，你把这些做好了，其他事情也很轻松，小孩自己会发展。

第十二章　善于反省的人，会走得更远

孔子指出，我们中国人检讨的一个方向就是自我检讨，叫作内自省、自己反省。以前的人对自己要求很严谨，不断地自省。现在的人好像越来越做不到，现在我们都等着别人自省。

自我反省

父母要怎么检讨，以改进教养的成效

我们要谈父母怎么检讨，以改进教养的成效。这有点像算总账的味道。我想中国人一听到检讨就很讨厌，就是因为我们把它跟算账合在一起。所以你只要不算账，他就不怕，你若算账，凭良心讲天底下没有一件事情能够算得清楚。你算得太清楚，反而给人家你很苛刻、很计较、很挑剔的感觉，他心里就想你自己就没有这样吗？你怎么老是找我麻烦？你有多好？反而引起反感，所以有时检讨成了表面文章。

你看有时候单位、团体、家庭，甚至是个人检讨都是一种形式而已，没有人敢真正去做，就是账一算起来不但没完没了，而且会让大家都难堪、都痛苦。无论什么事情往往不是一个人所导致的，不小心就会把别人，甚至把对方给牵涉进来，所以你本来是要做自我反省，很容易就会变成指桑骂槐、含沙射影了。孔子指出，我们中国人检讨的一个方向就是自我检讨，叫作内自省、自己反省。可是如果每一个人自己反省了，就很难沟通。以前可以，以前每一个人对自己要求很严谨，他不断地自省，他真的有这个功夫。现在人好像越来越没有了，现在我们都等着别人自省。一方面是太忙，另一方面是人越来越密集以后，你想反省都没有个空间。

其实我们还是可以检讨的，只不过就是用反省来检讨，而不要用算账来检讨，我觉得这对中国人是非常有效的。

我们举个例子。如果小孩在客人面前哭闹，搞得父母很没有面子，那么一般来讲，客人走了以后，爸爸就骂妈妈，“都是你宠坏的”，其实这就是想让妈妈检讨。那妈妈说“你整天在外面，你管小孩什么呢？你没有管，你还怪我，从现在你管。”这个根本不是检讨，这哪里是检讨？这是推卸责任，发混账脾气，这个就搞得大家很不愉快，一点好处、一点效果都没有。

那么假定我们改变一下，客人走了，先生马上讲，“这个小孩会这样是我的责任，因为我平常没有用心来教他。”那妈妈觉得爸爸很有担当，她会讲“这不关你的事，你那么忙也是为了家庭，我没有教好。”她很容易承认自己的过错。这个对话是很自然的。当你在受到对方指责的时候，你忍不住就会反驳。可是当看到对方在自我反省的时候，你会觉得自己也有责任。**攻击的话就好像一把刀子一样，让人自我防卫**。当他反省的时候，你觉得他要伤害自己，你就想不行，要救他。我们现在用彼此救来救去的态度，这个检讨就很轻松，而且很有效。所以变成自省，然后互救，这很有意思。人其实有这样的人性。夫妻之间骂来骂去，你不能把他关起来，不能判他三个月徒刑，不能叫他写悔过书，那有什么用？倒不如大家心平气和地各自承担自己的责任，我想这是一个很正确的心态。本来教养就是双方共同的责任，你凭什么说你完全没有责任？完全把他推给对方？这是不可以的。检讨改进，指的就是我们要先来自我检讨，而不是去检讨别人，最好的办法就是干脆把检讨的心态整个放弃掉。我们不指责对方，也不指责自己，指责自己干什么？那叫作自怨自艾，也不好。我们把检讨当作什么呢？当作是准备做阶段性地调整。

不要否定以前，以前谁对谁错又怎么样？对了又怎么样？错了又怎么样？我们还是要展望未来。我们没说他对，只是不能说他不对，因为我们有苦衷，我们缺乏经验。那么现在是一个新的开始，我们要抱着这种态度来谈今后怎么做得更好，而不是老是说以前做得不好，我想这个态度大家就比较容易接受。从现在开始，不要检讨以前，以前谁对谁错都没有关系，以前做得好，做得坏也没有关系，因为它已经成为事实，我们既然不可能去改变，就要接受，人对自己的过去是要接受的。我觉得检讨真的比算账两个字好太多了。检讨从字面上来讲并没有批判的意思，只是一种检查、一种讨论。所以检查，如果都是对内部的一种内自省，就没办法互相沟通，所以当有讨论的时候，大家就有一个空间可以进行改进了。我们展望未来是为了未来更好，同时也是实际上有这个需要，因为小孩长大了，而我们的观感也改变了。

以前大家都可以容忍，碰到小孩吵，还觉得有小孩的哭声才是家庭，会觉得好热闹。可是现在不一样，现在发现人家小孩怎么老不哭闹，怎么就我们家小孩哭闹，尤其是在半夜，人家都睡得好好的，就我们家搞半天。那么这时候我们就感觉到：我们来改变一下，但是不是说以前谁对谁错。我想这样子的话，大家比较容易抱着今后怎么样教养得更好的心态，来把这件事情好好地谈出来。而且这个态度有两点好处，我个人觉得很重要。

第一这样的态度比较不会引起彼此的冲突，我想这是最大的好处；第二这样的态度其实并不代表在说过去的是非，而是说其实当时在做的时候，就应该先谨慎去做，所以事后的时候，为了让整件事情能够得到改善，能够往正面的方向走，就不要再去做无谓的互相批判，因为没有意义。

具体怎么做，我们再把它归纳出大概四点。第一点，就是不指责对方。你不管怎么样都不要指责对方，对方可以指责他自己，我们没有权利指责他。

第二点，不居功。很多人都是因为想居功，所以就要把对方压下去，不把对方压下去就不会显得你有功劳，对不对？比如有些妈妈常常讲："你看，我不煮饭，你们有的吃吗？"其实大家会心想：你不煮饭，我们到外面吃炒面。其实大家都很讨厌居功的人，但是自己偏偏都很喜欢居功、邀功，夸耀自己压低别人，这都不要去做。

第三点，不推诿。很多人都害怕被人找麻烦，于是赶快把责任推个一干二净，先下手为强。其实没有用，该承担的推不掉，推来推去，大家都有错。因为你推不掉的，你推给他，他是活人，他会推回来。你把垃圾丢过去，他一定给你丢回来。

第四个，不找茬。不刻意地找麻烦。你一找他的茬儿，他就找你的，搞到最后大家都很难堪。找茬也有挑剔的味道，就是说你好，你不认为他好。其实世界上没有十全十美的人。你说："你样样都好，就是你对小孩的声音老是那么大。"这也是一种找茬，对不对？所以那个茬，那个鸡蛋里的骨头，要他自己来挑才有意义。他自己可以说"我虽然还不错，但是我还是感觉到我不够好。"**他自己讲自己的时候没有压力，我们讲他的时候他就反击了，这也是人性**。

如果能够做到这四点的话，就算我们检讨，大家也不会紧张。我觉得这四点很重要的就是它抓住了我们作为一个人的人性的部分，更重要的是因为它是在我们最亲密的夫妻之间遵守，所以效果会更显著。检讨的目的，不是摆在找出错误来改善，不要有这种心态，而是摆在怎么样调整、使大家未来更顺当上面。这个"顺当"两个字其实是很有意思的，就是说做起来更省力、更轻松、更愉快，而且更有效。

如果把教养子女始终当作一件苦差事，好像你只是在尽责任，那谁还想生子女呢？我始终认为，这不是责任。当然，你就学理上讲它是责任，但是你可以把它改变成不是责任的，它就是一种乐趣。为什么不可以？那么我跟小孩互动，看着他成长，我也觉得说我居然也会教小孩，我是从哪里学来的？这不是很愉快吗？何必偏要觉得自己在尽很神圣的责任，把自己搞很伟大的样子。因为想得太伟大，有时候觉得自己很疲惫。

检讨的时候不要以对方为对象，我们几乎每次检讨都要找个对象，比如这次要检讨谁，差不多都会这样。检讨谁，那就开始完全看他的缺点，这个没有意思。检讨谁？检讨自己，因为检讨自己是很重要的事情，我们要自修，我们自己要成长，我们要改变自己，那你检讨别人有什么用呢？

态度一致

父母具备什么态度，才能共同引导子女

检讨是为了自己好，如果这样想的话，那你就会把自己当作对象去检讨。人很奇怪，总是把好事情放自己身上，如果认为检讨是坏事情，就会把对方当对象，认为我何必去承担这个责任呢？现在发现检讨是好事情，当然我自己来了，这是很有意思的事情。这使我想到，如果划拳输的人不能喝酒，就没有人愿意输了，认为惩罚是喝酒，大家就愿意输了。而且输了他不会赖，对不对？就是说我输了，输了何必赖呢？反正有酒喝，大家都出钱，结果一半以上的酒是我喝的，都被我喝了，还觉得挺划算。所以这个罚酒有点二罚球的味道，好像是罚对方一样，让对方花钱自己来喝，这很有意思。

我们只要把对象搞清楚，其实是很省力的，不会“冒火”。只要把自己弄好的话，就不会“冒火”了。但是现在我们不是，我们都是一坐下来就问对方，“最近你对自己还满意吗？”对不对？其实对方本来心平气和，突然间感觉到，你好像整个人都冲着他来，那他就想：我是不是什么地方冒犯你了？然后就说“你又怎么样了？你又好到哪里去？”算了，根本不谈了。如果你一开口说，“我最近比较忙，也没有关心到你，不晓得你最近有没有什么困难？”这个感觉就不一样了。或者干脆讲，“我看你最近被小孩缠得很烦，你稍微休息一下，如果我完全没有承担责任，也很不好意思。”那不是很好吗？很容易谈。

但是我们就是长期熟不拘礼，认为夫妻还讲究礼貌干什么呢？其实夫妻没有礼貌的话，那就要天天吵架。你为什么对别人有礼貌，对自己人没有礼貌？你为什么对那些跟你无关的人，非常有礼貌？对这个整天照顾你的人一点礼貌没有？这是很奇怪的事情，亲疏远近没搞清楚。照理说你对外人没有礼貌，其实还说得过去。对家里的人有礼貌，最起码你睡觉时候还安稳，所以这个真是要命。

有人问："我们现在讲的检讨，放在父母或者说夫妻互相之间，那么对于孩子的一些过错或者是一些问题，我们不能够说都要自我检讨，我们是不是也要指出来，是不是？"我是觉得我们检讨的次序应该是先让夫妻谈妥了以后，再来面对孩子，再去引导小孩自我反省。父母两个人意见不相同，你怎么去引导他？只有两个人把剧本写好了以后才能"唱戏"，小孩加入以后，他才不会觉得奇怪。如果你们两个主角，一个唱这样，一个唱那样，那他这个配角怎么办？他干脆不干了。所以检讨也是双方要有共识的意思。因为小孩毕竟小，他靠你们的引导。父母不能把小孩叫来，然后自我检讨半天。孩子会说："怎么了今天？"而且他会觉得果然都是你们两个的错，我这么可爱怎么会错呢？人家阿姨都说我可爱。孩子还不像我们成年人成熟，自己不会反省，要靠我们引导他。

我们需要具备什么态度呢？就是要有一致的态度，父母一致的态度才能共同引导子女。比如说父母决定了一件事情要改变，就要很适当地让小孩来参与。我一直不主张直截了当去跟小孩讲，我们刚才讨论的结果怎么样，那他就感觉到你们两个"宣判"了以后，那他就受罪。以后你们两个一在房间里面讲话，他就开始在外面紧张：出来是叫我去洗锅还是去干什么？何必制造这种紧张气氛？你可以说，以前我们是怎么做的，不过刚才李叔叔打电话来，说他们家现在要改变，我们也来研究我们家要不要改变？爸爸就说："其实我们也不一定跟着人家走，我们家是我们家，他们家是他们家。"然后妈妈再讲："对，我们一向是说我们家就是我们家，但是人家做得好我们也要学。"爸爸说："是，像这种事情就要去学一学。”小孩听来听去，他就知道这个是好的，是不是？你如果一开始就下命令的话，小孩就觉得莫名其妙，好像他的命运都是你们两个在决定，那他就想赶快长大溜掉算了，他要摆脱被摆布的命运，有些孩子常常会有这样的想法。小孩会觉得：我为什么老听你们两个的？你们两个叫我这样，我就得这样。其实小孩如果没有这种想法，我们会觉得不是很正常。小孩完全没有脑筋，完全不会反抗，将来怎么办？那一辈子都会让人摆布，变奴才了。就怕他到了自觉期的时候，开始有这种自我反省能力，他突然要改变的时候，谁都受不了。

因为有一致性，所以我们建议父母最好做一个评量表，没有评量表，你会这次想这样，下次想那样，那就等于完全把小孩当试验品，对不对？这个评量表由父母双方商量决定，我们要评量他哪几个方面，要点在哪里？把我们以前所讲过的要点，一条一条列举出来，再让大家来看，这方面有没有进步了？这方面应该怎么样改进？这方面我们要加强什么？你这样等于有一个记录。

人是会忘记的，是不是？我们两个讲得好好的，小孩能做的事情尽量让小孩去做，可是一段时间会忘记的。然后我们就开始检讨，说："我还记得我们说小孩能做的事情尽量让他做，可是我最近好像急躁了一点，我生怕他做不好，所以我都帮他做了，我觉得这样还是不好。”那另外一个人就会讲："其实也不是你，我好像也是这样的，那我们怎么办？我们再回头来，不要急躁。因为小孩你不让他学，他永远不会。我们都替他做，将来他就没有能力，我们到底是爱他还是在害他？”我觉得这样就很容易取得一致性。可是你如果没有把以前那些记录翻开看，你就不知道我们现在做得是对还是错。人没有计划就无从考核，考核的意思就是说看你有没有按照原定的计划去做，所以考核表其实就是两个人商量好的，对小孩共同的目标、共同的标准、共同的原则，我们每次翻开来看，根据这些来衡量到底是进步了还是退步了，这样就很具体，不会说抓瞎。

我们经常临时起意，譬如说很多父母，他有空的时候就多骂一点，多管一点，没有空就随便管一点，就只是针对眼前所看到的，却没有考虑到整体的管教问题，那很容易让小孩产生一种你高兴的时候就可以为所欲为的想法。你不高兴的时候你就像警察在抓小偷一样，他就倒霉了，小孩不会认为你在教他，他觉得你是在找他麻烦，他也不能养成有恒的习惯。**父母应该对小孩的态度是可以就可以，不可以就不可以，跟我高兴不高兴没有关系，应该是这样**。所以我们才会建议说，一开始就把你对小孩的教养原则、基本要求，双方白纸黑字写下来，写下来不是说我们谁要控告谁，而是说我们共同来做参考，这样就没事了。

所以前面所说到的提供正常的家庭环境，扮演各种必要的角色，了解子女生长的情形，采取适当的教养态度和方法，指导子女基本的生活技能，养成子女正确的生活观念，以及养成子女良好的生活态度与习惯，促进子女的身心健康，那么这八项我们也可以将它变成一个大项，我们检讨起来才能更清晰，才会均衡照顾到各方面。

正确表扬

父母如何正确地表扬孩子

小孩是要均衡发展的，不是老抓他一方面。我们在制作评量表时可以给他一些数字，比较容易让自己了解。比如你可以写甲乙丙，写上中下，都可以，甚至两个人约定每一个单项最高给他几分，最低给他几分，如果及格的话给他几分，大概用三个等级来评，不必评得太琐碎，因为那只是做参考而已，又不是真的要拿来公布，又不是要向全世界宣布说你家孩子的成长率是怎样的，那没有必要。大致上是普通跟不好，简单地讲就是这样。这样就好了，心里有就一个底。

然后一起来商量决定评量的标准，我们一起来商量，这个结果到底是要从哪一方面去改善，对小孩是需要奖励他，还是要处罚他，还是要想个办法来督促他，这才是主要的。这一点儿非常重要，很多父母只看到孩子的成绩。他没有办法从上一节我所讲的完整的八大项去评量孩子。其实孩子在成长过程当中，也许其他七项都做得很好，只是功课方面还不是那么理想。如果因此我们就判断这个孩子没有学好，给他处罚，而不是给他适当的奖励，孩子就不知道他的人生到底追求的是什么，然后他就满脑子都是升学主义。认为我今天考不好就要挨打，考得好就有奖励。他就开始作弊了，不作弊的话这一关难过，那又何必呢？

有人问：“我们应该用什么样的方式来对他的优点进行奖励，缺点应该要怎么样来引导他改正？”其实奖励最好是无形的，而且是精神层面的比较好。我们举个例子，可以在吃饭的时候，妈妈去跟爸爸开玩笑，说："你很难得这么高兴，你是为什么这么高兴？"爸爸他就卖关子，他说："你猜猜看？"那妈妈就对小孩说："你猜好了，你猜爸爸这两天为什么那么高兴。"那小孩就猜出很多答案，妈妈就说："你猜得都对，只不过还有一个，他就是因为你最近特别乖，所以他高兴，你不信问爸爸看看。"这时候爸爸就说："你看我连吃饭都会笑，连做梦都会笑。"这个奖励对儿子来讲太好了。你给他100万有什么用？他拿100万干什么？小孩也不懂什么叫100万，可是你这么一来，他就极力要把自己的优点表现出来。

其实孩子很在乎父母的情绪。我们不能在客人面前表扬他，说他这样好那样好。不行。只能自己家里人用这种方式，而且要说："你表现得好，你看父母都会觉得很喜悦；那么相反的，我们不高兴，你有什么感觉，你自己也很清楚。"这样一家人温暖的气氛就塑造出来了。我经常会看到很明显的例子。孩子考试考得好父母就快乐，考得不好父母就臭着脸，别的事情一般人大概想不到要开心了，其实我们生活当中有很多事情可以让你感到欣喜，可以让你在孩子面前表现出快乐。孔子把这个叫作不费智慧，你一毛钱也不用花。它是非常实惠的。

我们现在满脑子都想要给孩子钱，要给他买什么，其实有很多事情如果用钱来衡量的话，那是无底洞。很多人忙得没有时间用心，想不到用心的好处太多了。你要把小孩的心启发出来。现在有些小孩子有脑无心。他就是有脑子，脑子在记忆、在思考，但是他没有心，这是很麻烦的事情。当然我们也不反对用物质的方式，比如爸爸这样讲完以后，他就夹块鱼、夹块肉，对孩子说："既然你知道了，那爸爸应该奖励你。"这也是奖励，怎么不能奖励呢？你给他夹一块肉也是奖励，这个动作就是奖励。是不是？那妈妈就对孩子说："既然爸爸夹块肉给你，你知道爸爸最喜欢吃什么吗？你也夹一块给爸爸。"你看，你一教小孩，你应该这样做，你不能老没事夹自己的，不能什么东西人家一辈子要夹给你吃的，他就懂了。

很多人也许前面努力可以做到，到后面就忘了。后面可能妈妈就不是叫孩子夹菜给爸爸，而是说我这个也给你。孩子虽然得到很多的奖励，可是他不懂得感恩。我们要教小孩适当地回报，这是非常重要的。有头有尾，慎始善终，什么事情想得长远一点，这个人，他在教养上就很有定力。我们常常讲一句话，唱戏要唱得像，你如果只唱一半，这也伤脑筋。

很多家长在碰到一些新的好的方法时，当下就想要说："对，我怎么没想到这一招。"马上回去就改，然后教养的态度也改变了，孩子就会措手不及。就像是本来在唱评剧，现在突然间唱黄梅戏，小孩就被搞得莫名其妙，对不对？你慢慢来，一步一步调过来。

小孩子成绩好，固然可以鼓励他几句，成绩不好，其实用安慰的方式比用骂的方式要好。比如说妈妈知道小孩这次数学没有考及格，她就偷偷跟爸爸讲，说这次他考得很糟，然后爸爸就知道了。我是觉得在餐桌上讲这些事情比较好。中国人善于用外在环境来使内在心情得到调试。并不是说都在吃饭的时间教训，会让大家胃都不好。不会，我们是两边都兼顾。只有吃饭大家是很自然的团聚，你不能家里装一个钟，响了一下，就说："全体给我集合。"对不对？没有必要，你就利用餐桌这个场所来教育。因此你必须要有本领让你的胃不会受害，让你家人的胃都很健康，这种教养方式你自然要调整，这就是最大的考验。

就像前面所说的，本来是自我检讨，然后互相再去让对方都有机会表达想法，可是我想很多人不敢自我检讨的原因就是怕对方没有那样的修养，结果他一自我检讨，又被人家落井下石，或者是抓住了一个借口。他们就会说，你看，你不是自己承认的吗？你怎么样怎么样，有什么缺点。你没有办法借着这个机会让大家互相成长，反而是互相找麻烦，考验就在这里。我觉得在外面比较不容易沟通，在家里其实是容易沟通的。

比如说这一次爸爸承认错误，妈妈就落井下石，就把所有责任推给他，其实也无所谓。因为过一两个小时，大家情绪平静以后，那爸爸就可以跟妈妈讲："我承认我的错误，是让大家都有面子，结果你把所有的责任都推给我，你想让我没有面子，那我是死人吗？你如果把我当死人也就算了，偏偏我还没有死，那我下次就不承认错误了，下次我就先下手为强，我就把责任推给你了，你有什么感想？但是我现在没有检讨你，因为我常常有这个错误，所以我只是说给你听，现在我已经改过来了，我认为你好像也已经在改了，所以这种事情以后大概不会发生了，我才敢讲，如果以后常常会发生我就不讲了。”

其实同样一句话，你就这么扯来扯去，扯到最后对方就平了。所以偶尔发泄累积的情绪，不见得是坏事，就像那个水库满的时候，你不泄洪，那还得了。我们不主张压抑，儒家从来没有叫我们压抑过，你可以适当地宣泄你的情绪，可是你不要认为他承认错误就是真的承认错误了，他假装承认你还真的当真？是不是？所以很多人老是自己找麻烦，因为他很生气，老在找别人麻烦，其实都是在找自己麻烦，对不对？你这个时候讲没有用，你既然要有这种涵养，你就要承受这种后果，所以检讨就检讨到底。

我是觉得一个涵养好的人就是能受人家的气才叫涵养好，不然怎么叫涵养好？被气到那个程度。对不对？你老受人家气你应该很高兴地说：“果然我涵养好。”要这样想。“我被别人气的受不了那就是我功夫差。”说了半天涵养还是不好，那不行，我觉得很多人太讲究所谓的公平，而这个公平其实是一种设限，也就是说我今天涵养到什么程度，你们就要对我好到什么程度。如果我表现得是在自我检讨，你们还修养不好的话，那我就不划算，我就不要，很多人是这样。

纲举目张

父母怎样检讨，以改进教养的成效

为保证教养在正确方向进行，父母适时反省是非常有必要的。但是，父母在自我反省时，应该把握一些重点，以此作为反省的中心。比如在教养观念方面，在教养态度方面，在教养关系方面，在教养效果方面，我们都有几个重点，那么趁这个机会，我们再来谈一谈。

首先，我们要明确教养观念其实有一个要点。就是说我们不要把子女当作是父母的私有财产，说我爱处理就处理，我爱变卖就变卖，我叫你去晒太阳你就给我晒，你看我们把一件毛衣拿出去晒，晒三天三夜，雨淋了，我忘记了，也可以了，毛衣不会抗议的，可是小孩不行，**小孩是上天委托给我们的，不是我们的私有财产，我们不能任意去处理他**。可是我们应该怎么样呢？应该凭天理良心来教导他，因为他毕竟是上天宠爱的一分子，上天看得起我们，把子女托付给我们，我们就不要辜负人家托付的苦心，我们按照天理良心来把他教养好。可是上天也不希望每个人都长得一模一样，如果每个人长得一模一样，他就把我们创造成每个人一模一样不就好了吗？那样也不用身份证，照相机也不需要了，对不对？既然要这样的话，我们就是说子女有个别差异是正常的，所以大同小异，大同是天理，小异是他个人的主张，也是他的命运，大同是老天爷的命令，这样一来，我们大概就知道我们的观念是相当正确的。

至于教养态度方面，我们提出三点。

第一点，父母对子女应该有期许。没有期许就是没有教养的目标。只不过你不能勉强你的小孩，不要硬性规定，今天的市场导向其实也是很好的观念，你要根据小孩的需要来期许他，而不是根据你自己的期许，比如你说："我这辈子没有做音乐家，你要好好学音乐。"这就不对了，如果小孩对音乐感兴趣，也有这方面的天赋，你就培养看看，说不定他可以变成音乐家，这是他的事情，根据小孩实际的状况给他一些期许，就是鼓励他上进。

第二点，父母之间的教养态度要力求一致。我们讲力求，就是说不可能完全一致，尽量让他相接近，其实完全相同也不好，这样小孩就没有应变，但是差太多小孩就很容易错乱。所以合理的不同，尽量求同。也可以说是求同存异，大同小异。我们要让小孩有自信心，可是我们要一致认为中国人的自信心其实就是应该顺天敬天，才有自信心，就是说你顺天理你才应该有自信心。**当你不顺天理的时候，你的自信心会把你自己埋葬掉**。

第三点，千万千万我们要记住，教子女比爱子女更重要。因为我们到处都听到人家说，你要爱你的子女，我始终认为这是谁都知道的事情。很少父母不爱自己的子女，我们不要把少数的特例拿来当通则看，对不对？世界上有几十亿人，就极少数父母把自己的子女杀掉了，你就把他当作人性，不可以这样。我相信父母爱子女是天生的，用不着我们操心，用不着我们一天到晚提醒他："你要爱你的子女。"**你要把他教好，你教他才是爱他**。你不要口头上老是爱他爱他，搞到最后爱他就是害人。父母要扮演不同的角色，力求互补。为什么老天爷要安排先有父母，然后才有小孩？就是他知道有刚有柔，所以单亲家庭其实是不得已的事情，不值得鼓励，你老跟爸爸走，你就学到他阳刚的一面，妈妈那温柔的一面你就没有；老是跟妈妈走的话，爸爸阳刚的一面你就没有学到，总是有一点点缺憾。所以我们一再讲说，**父母要把小孩教导得好，就不能离婚，也不能分居，每一个人都说爱小孩，那爱小孩你就要替小孩着想**。中国人讲慎始，其实包括很多方面的。

婚姻也要慎始。你如果很随便，就没有善终。但是有人讲“我们恋爱了4年，结婚才8个月就离婚了。”现在这种事情很多。那就表示你们那4年都没有认真思考，都在混。你混了4年，只有这8个月才认真，一认真就离婚了。糊里糊涂而结婚，开始清楚就离婚了。很多人连买一双皮鞋，买一件衣服都那么小心，可是对婚姻这样重大的事情却掉以轻心。比如什么一见钟情，什么闪电结婚，还有一电缘，我不晓得在干什么，这是把婚姻当儿戏，最后掉眼泪有什么用？这种事情都是浪漫的开始，悲惨的结束，我们看得太多了。

至于说教养关系方面，父母就是父母，你们不要做孩子的朋友，他已经有那么多朋友了，不在乎你一个“老朋友”。多了一个朋友他就少了一个爸爸，他一辈子只有一个爸爸，突然间没有了，他会很伤心。爸爸的角色也是很神圣的，天底下就那么一个，他的朋友还可以换，爸爸不能换，是不是？比如我是人家的父母，我就要扮演父母的角色，我不能放弃父母的责任，其实谁都愿意做儿子的朋友，因为做朋友你就没有那么大的责任。做朋友的可以说：“你借我2万块钱。”对不对？还可以说：“我今天晚上到你家打个地铺。”可是你跟儿子讲这种话有什么用？所以我是觉得不要混淆角色，关系要厘清。

在教养的效果方面，我们觉得要评量，而不要抱着那种算总账的检讨，所以慢慢把这个检讨变成评量，其实也是很好的一个想法。

评量可以定期，也可以不定期，因为有时候定期的话，又慢慢变成形式化了，可是不定期，就会拖到忘光了，就不做了，5分钟热度过后没了，形同虚设。所以我们也不要定期，也不要不定期。当然，就是说大概有这么一个时段里面我们就要来评量，不要定在哪一天，如果那天正好忙，怎么办？要有弹性，但是彼此都要有对评量的期待，因为为大家好。

我们评量效果要求更好，而且小孩到了某个阶段的时候，我们就要加以调整，否则你老把小孩当作婴儿来教也不对，因为他的需求不一样，他的感觉不一样，我们本身也要跟着调整，这才是真正的儿童本位。可是很多人会烦恼一件事情，如果孩子不止一个，年龄又有差距，怎么办？很多父母喜欢说："我的教养态度跟其他人不一样。"结果对于小学三年级的孩子是这样，对于六年级的孩子也是这样子。可是孩子在不断成长，那怎么办呢？如果对小学三年级的孩子跟小学一年级的孩子都一样，那就变成不一样了。其实一样。就是说到了5岁，你就照5岁的样子教育，到8岁就照8岁的样子教育，这样才叫一样。是以孩子的本位来看的。你把8岁看成跟小孩一样，那他算什么8岁？那就不一样了。所以不能够以自己来说，我家都一样，这不好。

在评量的过程当中，父母应该要自我成长。**一个人没有跟小孩相处过，你说他能长得大也是很奇怪的**。对不对？

你不能够站在不同的立场看他，老实讲看别人小孩跟看自己小孩永远是不一样的。绝对不一样。别人的小孩哭你也会觉得他很可爱，因为你很少听到，但是自己的小孩哭你就会很烦。会认为：为什么不是隔壁的小孩哭，怎么老是我们家的小孩在哭呢？我们听到别的小孩哭觉得是应该的，还觉得很可爱。可是面对自己的小孩就不一样了。因为每天听，随时听，那感觉完全不一样。所以父母要成长。小孩对我们有很大的帮助，现在很多妇女、男士追求自我成长，其实家里就有一个最好的"助手"，在家里认真陪他就行了。有的父母是家里的小孩不教，跑出去当义工。我不反对当义工，只不过你跟自己小孩相处好，你再去当义工的话，会比较有经验，而且也心安理得。有人觉得教外面的小孩比较有成就感，因为不是天天跟他生活在一起，没有关系，看得出成果，可是家里的孩子天天看，看不出到底有什么进步，所以就不喜欢教自己家里的小孩。这个其实就是缺乏爱心，对不对？他把义工当上下班，如果他有爱心他是不会有这种感觉的。你看那种有爱心的义工，他甚至回到家里都还想到对方。现在不是。现在就是说我下班了，我走了，以后是你的事，这个是没有爱心的。也有的人把义工当作消遣时间，我们当然无可厚非，但是其实这对义工来讲不是一种正面的解释。

我们也看到，爱心妈妈都是因为自己的孩子在学校上学，所以兼顾做着爱心妈妈，顺便推己及人。可是她还会说："我如果随时随刻都在做义工的话，哪有那么多时间，我自己的事情也顾不了，怎么样才能兼顾？"有先有后，你要有余力才去做，没有余力你做什么呢？但是那个心要常在，心你随时可以放出去，收回来，心的力量是很大的。有时候行动赶不上，也没关系，你只要有那个心就好了。

比如在街上看到一个老人，你连去扶他、去照顾他的心都没有的话，这就很危险，就表示你自己很冷酷。你有那个心，但是你现在正忙怎么办？如果在这时候看到一个年轻人去扶他，你就放心了，这样也是尽心。不一定说我自己要去行动才叫作尽心，因为每个人不同，那个年轻人正好要过马路，他看到了去扶老人，他去扶跟我扶是一样的，说不定让他扶得更好，这就是不居功。我要这种功劳干什么？天下老人家都叫我扶，我也惨了。如果是眼看实在没有人扶，你也不能推掉那个责任，那你衡量一下，你这工作忙得真的5分钟时间都抽不出来吗？你就过去扶他一下，也可以，为什么不可以？但是如果有个人做了，那你就让他做，你把这个好事让给他做也是好事，是不是？

所以在今天我们谈怎么样来检讨，以改进教养的成效，同时也把我们的亲子这一部分做了一个回顾跟重点的提醒。我觉得在这里面，对于检讨应该具备的素养，其实就是父母自我成长的一个基本功。

不指责对方，不居功，以及不推诿和不找茬，这样的一个基本功，如果我们都能做到，其实会让我们变得更圆一些。家庭其实就是很好的教育场所，我们常常讲家教，其实家教不完全是指子女方面，我们自己有时候也比较能够体会到：以前我的父母为什么要求我这样，我以前对我父母有哪些做不到的地方。这样你就会更怀念你的父母。我们的延续为什么可以承上启下，我们文化为什么源远流长？为什么能够继承下去？就是基于这一点。

我们常常讲文化的根源在哪里？其实就是从孝顺开始，你不孝顺哪里有什么文化？对不对？连祖先都不认，还认什么文化呢？很多人搞不清楚百善孝为先这句话，你孝顺不止是要孝顺现在的父母而已，你还要孝顺上面几代人，一直到祖先，那你就不要去让他们难过，你就要将他们的精神发扬光大。所以每一个人都应对小孩讲你是替我们家争气的人，这对教养有帮助。比如父母要讲，我不是希望你怎么样就怎么样，是好几代人的责任加在我身上来，我才要这样做，我不是自私。那小孩听了就很感动。

现在有些父母就是一定要孩子这样做，这是不对的。父母有时候跟孩子讲："其实我也不需要这样。但是我对不起祖先，我们一定要把这个观念让你早点了解，你就会越早来承接，而不会感觉到痛苦。"其实这种态度，在与人相处的时候，也会赢得友谊，这是很重要的。但是我们最后要提醒大家不要对自己要求太高，当然我们的标准会提高一点，我们尽量去做就好了，做到哪里算哪里，这才是心安理得的。我也希望大家能够记得我们**中国人的教养方式，最主要是让大家都能够找到自己的根源在哪里。不愧为人子孙，心安理得。**

曾仕强教授出版著作

序号	书名	定价
1	易经的奥秘（完整版）（《易经的奥秘1》增补版）	64.00
2	易经的奥秘2	64.00
3	易经的智慧合集（精装典藏版）（全六册）	680.00
4	易经良基（共六册）	192.00
5	易经良基·中（共六册）	192.00
6	曾仕强详解道德经：道经	39.00
7	曾仕强详解道德经：德经	42.00
8	道德经的奥秘	36.00
9	道德经的玄妙	49.80
10	论语的生活智慧(上下)（新版）	72.00
11	论语给少年的启示(上下)	58.00
12	曾仕强点评三国之道：论三国智慧（上下）	86.00
13	曾仕强评胡雪岩	29.80
14	胡雪岩：商圣是怎么炼成的	64.00
15	诸葛亮的启示	42.00
16	中华文化自信	45.00
17	中国人，你凭什么不自信	59.80
18	财神文化	49.80
19	我是谁	58.00
20	赢在职场：中国式职场修炼手册	49.80
21	别让情绪拖累你的人生	49.80
22	孝了，人生就顺了	64.00
23	坤道——曾仕强教做出色的中国女人（新版）	45.00
24	中国式教养，中国父母家庭教养必修课	49.80
25	中国式家风	49.80
26	中国式家庭教育	59.80
27	中国式亲子关系	59.80
28	中国式父母	59.80
29	中国式爱情与婚姻	59.80